综合职业能力视野下的

高职会计专业学生综合职业能力培养理论与探索

胡苗忠　著

ZHEJIANG UNIVERSITY PRESS
浙江大学出版社

图书在版编目（CIP）数据

综合职业能力视野下的高职会计专业学生综合职业能
力培养理论与探索／胡苗忠著. —杭州：浙江大学出版
社，2012.7（2018.7重印）
ISBN 978-7-308-10154-7

Ⅰ．①综⋯ Ⅱ．①胡⋯ Ⅲ．①会计学－教学研究－高
等职业教育 Ⅳ．①F230－4

中国版本图书馆 CIP 数据核字（2012）第 141533 号

综合职业能力视野下的

高职会计专业学生综合职业能力培养理论与探索

胡苗忠　著

责任编辑	杜希武	
封面设计	刘依群	
出版发行	浙江大学出版社	
	（杭州市天目山路 148 号　邮政编码 310007）	
	（网址：http://www.zjupress.com）	
排　　版	杭州好友排版工作室	
印　　刷	浙江省良渚印刷厂	
开　　本	710mm×1000mm　1/16	
印　　张	12.25	
字　　数	213 千	
版 印 次	2012 年 7 月第 1 版　2018 年 7 月第 4 次印刷	
书　　号	ISBN 978-7-308-10154-7	
定　　价	29.00 元	

序 言

　　近几年来,在国家大力发展职业教育政策的推动下,我国职业教育发展迅猛,高等职业教育已经成为我国高等教育大众化的主力军,在我国高等教育体系中占有半壁江山。高等职业教育承担着为经济社会建设培养生产、建设、管理一线技术应用型高素质人才的重任。在现代社会,具有良好的职业素质,较强的动手实践能力和够用的知识,是一线人才的重要特征。职业教育教学的目标是培养学生的职业能力,学生的职业能力是学生胜任工作任务所需要的所有要素的综合,包括知识、技能、态度、价值观等。

　　职业素质可以分为三个层次,第一层次是职业道德,具体地说是敬业乐业、刻苦耐劳、一丝不苟、遵纪守法、恪守信用等品德。第二层次的职业素质是通用的职业能力,具体是交往沟通能力、组织管理能力、团结协作能力、战略策划能力、语言文字能力等。第三层次的职业素质是专门的职业能力,是各自的职业或岗位特殊要求所决定的专业知识和专业技能。目前,一些院校往往只注意了学科知识的传授,忽视了职业素质的培养。许多毕业学生,走上社会后不能很好地适应工作岗位,出现眼高手低的尴尬局面,有些甚至到了无所适从的地步,严重地影响了学生个人事业的发展。

　　培养学生具有本专业所需的各种操作技能,从而成为能胜任岗位职业能力要求的实用型人才,是职业教育的特色所在。职业技能是由多个层面组成的一个复杂结构,不能将职业技能简单地理解成为动作技能,具体的操作技能至少是知识、心理运算过程和操作行为三者有机结合的统一体,同时,涉及职业态度、良好行为习惯的培养,心理素质和智力的提高,审美意识的提高等。

因此我院会计专业对核心主干课程渗透职业素质教育，用"2663"实践教学体系培养学生的专业技能，用"课证赛融合"培养学生具有够用的知识，使学生学会学习、学会工作；掌握技能、掌握知识；学会共处、学会做人，从而培养学生的综合职业能力，是高等职业学校培养高素质、高技能应用型人才的方向，具有借鉴作用。

浙江农业商贸职业学院院长

陈德泉

目 录

综合职业能力视野下的高职会计专业学生综合职业能力培养改革与探索

一、综合素质培养目标

培养具有专业素质高、职业技能强、适应能力快、爱岗敬业、较强团队精神与合作意识的高素质技能型人才。

二、综合素质结构

1．职业素质

具有诚信、敬业、严谨、细致的职业素质。

2．专业技能

具备会计书写、汉字录入、小键盘数字录入、点钞、伪钞鉴别、会计制单、纳税申报、珠算、会计电算化、常用办公设备操作、做账等技能。

3．适应能力

具有良好的人际交往关系、团队协作意识、较好的心理素质。

三、实施途径

(一)开设课程

1．思想道德

教育和引导学生加强自身修养,坚持正确的政治方向,树立崇高的理想、信念和科学的人生观、价值观,培养良好的道德品质,树立敬业、服务、团结协作和改革创新意识,为学生形成与其将来所从事的职业相适应的良好职业道德和职业行为奠定基础。

2.心理素质

了解心理健康常识,预防心理疾病;使学生正确认识自我,增强调控自我、承受挫折、适应环境的能力;培养学生健全的人格和良好的个性心理品质。

3.公关礼仪

了解礼貌礼仪常识,掌握公关礼仪表现形式,不同场合的礼仪规范,培养良好的公关礼仪意识,提高自身的礼仪修养。

4.财经法规与会计职业道德

了解会计的主要法律法规,掌握爱岗敬业、诚实守信、廉洁自律、客观公正、坚持准则、提高技能、参与管理、强化服务的会计职业道德要求。

5.职业生涯规划

使学生充分地认识自己,客观分析环境,正确选择职业。提高学生的综合素质,避免学习的盲目性和被动性。使学生产生学习和实践的动力,激发自己不断为实现各阶段目标和终极目标而努力。

6.会计书写

数字的书写是财经工作者的一项基本功。对会计人员尤为重要。我们要认识到会计数字书写与中文书写规范化的重要性,掌握阿拉伯数码字和中文字书写及订正规则,逐步达到读法正确,书写规范、清晰、端正。

7.汉字录入

学好本技能,一方面为学好相关会计核算软件打基础,另一方面也为提高实践操作技能,培养专业素养打基础。

8.小键盘数字录入

通过小键盘数字录入,提高学生的电脑数字录入速度,提高学生逻辑分析能力,最终为提高学生的工作效率、职业素质服务。

9．点钞

学好本技能,可以提高我们的实践操作技能,更好地胜任实际工作,培养学习兴趣和专业素养,体现教育服务于社会、服务于企业需要的理念。

10．伪钞鉴别

通过伪钞鉴别技能学习,了解各种伪钞的特点,掌握伪钞鉴别的方法,更好地为将来的工作服务,体现会计人员的职业素质。

11．会计制单

学好本技能,能够使我们准确填制各种银行结算单据、普通发票、增值税专用发票等常用原始凭证,能培养和提高实际操作的能力,帮助我们更快地适应新的工作岗位,能更大程度的发挥本人在单位的作用,最终达到实习就业的目的。

12．纳税申报

学好纳税申报技能,可以使我们在掌握主要税种应纳税额计算的基础上,熟悉税收优惠政策,并能熟练填制纳税申报表,为就业打下良好的基础。具备税务会计岗位能力。

13．珠算

学好珠算技能教学,能提高我们手、脑、眼的配合能力,使我们能够正确地运用珠算解决财会工作中的日常计算问题。

14．会计电算化

随着信息化的飞速发展,电算化会计系统的普及程度越来越高,我们只有学好会计电算化技能才能立足于企业、立足于社会。

具备岗位能力:会计电算化。

15．基础会计

在会计学原理教育中,要使学生懂得会计工作是企业管理的重要组成部分,教育学生热爱本职,以主人翁的精神为企业当好家、理好财。在讲授会计的监督职能时,要使学生懂得独立性、公正性等职业道德是会计职业所必备的,要教育学生严肃认真地监督每项经济业务的合法性、合理性和真实性,坚决与违法乱纪的行为作斗争。

同时具备小企业会计做账的基本能力,包括设置账户、填制凭证、登记账簿、编制报表。

16．财务会计

在财务会计课程教学中,要教育学生刻苦努力、精通业务、顾全大局,要以会计法、会计准则、会计制度等法律制度为准绳,自觉维护财经纪律,处理好国家、集体、个人三者之间的利益关系。

具备岗位能力:出纳、存货会计、资产会计、往来会计、工资会计、投资会计、财务成果会计、总账会计、报表会计。

17．成本会计

在成本会计或管理会计教学中,要教育学生开源节流、处处精打细算,严防超前消费,保守国家秘密和商业秘密,提高企业经济效益。

具备岗位能力:成本会计。

18．财务管理

在财务管理教学中,要教育学生精打细算,节俭理财,当好领导参谋,学好融资、理财、财务决策等管理技能,以防止给企业带来不必要的损失,使企业资产发挥最大的效用。

通过财务沙盘演练,使学生具有良好的人际交往关系、团队协作意识、较好的心理素质。

具备岗位能力:财务管理。

19．会计实训

具备综合能力:具有中小企业手工、电算化会计核算能力。

(二)校企合作教育

1．企业文化讲座

公司概况、企业文化、劳动管理制度、员工规范、人际关系、团队与协作等。

2．企业专家讲座

3．优秀毕业生、实习生讲座

（三）社会实践活动

1．暑期社会实践

通过调研促使学生走出学校接触社会，了解我国经济发展情况，并将所学财务会计专业理论和专业知识利用各种方式与实践相结合，以达到培养学生独立工作、理论联系实际的能力。

2．参观考察

3．企业培训

角色职责、脚踏实地、职业道德、从业之本、就业与创造等。

4．顶岗实习

通过企业实训，提高对专业课程的实践认知，培养职业意识，养成良好职业习惯。同时为撰写毕业论文打好基础。

（四）系部文化

1．优秀技能成果展

2．优秀社会实践成果展

3．优秀实习成果展

4．技能运动会

让学生有展示自己技能的机会，进一步提高专业技能。

包括：会计书写能手比赛、汉字录入能手比赛、小键盘数字录入能手比赛、点钞能手比赛、伪钞鉴别能手比赛、会计制单能手比赛、纳税申报能手比赛、珠算能手比赛、会计电算化能手比赛、常用办公设备操作能手比赛。

5．专业讲座

专业思想教育、做会计心得谈、纳税心得谈、学习生涯设计等。

6.知识竞赛活动

礼仪知识竞赛、演讲与口才竞赛、文化知识竞赛、会计知识竞赛、会计职业道德知识竞赛等。

7.社团活动

金手指协会、点钞协会、珠算协会、数码字协会、书法协会、电子小键盘协会、会计协会、ERP协会等。

（五）考核

1.职业素质考核

（1）日常考核

要求学生养成良好的职业习惯，在平时作业、考试、作文、心得等都要求书写清楚、规范，不得涂改、刮擦、挖补，发生错误应按规定方法更正。任课老师在课程中应加强这方面考核，考核分占平时成绩的10％。班主任平时发现这种情况，应在操行分中相应扣除。

（2）课程考核

每门课程增加职业素质考核分，满分为10分。按课程职业素质培养要求进行考核，可以采取心得、案例、平时小测验、期末卷面等形式进行考核。同时要具备岗位能力。

2.专业技能考核

要通过会计基本技能考核，包括：会计书写、汉字录入、小键盘数字录入、点钞、伪钞鉴别、会计制单、纳税申报、珠算、会计电算化、常用办公设备操作等，考核标准具体见会计基本技能教学大纲。

3.适应能力测试

（1）要通过课程考试

包括思想道德、心理素质、公关礼仪、财经法规与会计职业道德、就业指导等。占适应能力测试成绩的40％。

（2）系部考核

占适应能力测试成绩的 60％。

A. 校企合作教育考核

各种讲座出勤率、撰写心得进行考核。占 20％。

B. 社会实践活动考核

暑期社会实践证明材料及总结、参观考察调研报告、企业培训心得、顶岗实习考核。占 50％。

C. 系部文化

各种优秀成果展出勤率、技能运动会成绩、专业讲座出勤率及心得、各种知识竞赛活动成绩、社团活动参与情况等进行考核。占 30％。

4．证书

（1）会计素养证书

（2）会计基本技能证书

（3）职业资格证书：岗位技能证书、会计电算化证书、会计从业资格证书、外贸职业资格证、助理会计师证、统计从业资格证书等

（4）顶岗实习证书

（5）毕业证书

第二章

综合职业能力视野下的高职会计专业专业核心课程学生职业素质培养研究

第一节 《基础会计》课程职业素质培养研究

一、职业素质培养目标

（一）课程职业素质教育总体目标

培养专业素质高、职业技能强、适应能力快、诚信、敬业、严谨、细致，具有较强团队精神与合作意识的高素质技能型人才。

（二）《基础会计》课程职业素质培养目标

《基础会计》课程为中职财会类专业学生涉及的第一门专业基础课程，该课程的开设对学生学习兴趣，学习习惯的养成以及后续职业能力、职业素质的培养起着极其重要的作用。现根据财会工作具体要求，结合该课程教学内容，制定以下职业素质培养目标：

1. 诚信的个人品质

会计工作讲究诚实、诚信，诚信是会计人员遵守会计职业道德的根本。会计人员只有加强会计职业道德建设，保证会计核算数据、资料的真实性、合理性，才能保证经济活动的顺利进行。因此，不断提高会计人员的诚信思想修养是完成会计工作任务的保证。

2. 严谨细致的工作作风

会计工作中的严谨细致其实质就是要求会计人员在具体工作中谨慎地处理每一笔经济业务。严谨的工作作风对于会计工作来说，就像水沁入土壤一样，使得整个会计体系到处都有它的痕迹，包括会计确认、计量、报告等方面谨慎稳健的内容。例如，会计人员在审核过程中发现的原始凭证不正确、不完整的记载坚决予以退回，并严格要求经办人根据相关规定及时进行更正与补充。对审批手续不全、不规范的凭证，决不降低要求，放宽标准，一切以制度办事，认真把好财务审核关，体现会计人员严谨细致的工作作风。

3. 规范的书写能力

依据财政部制定的会计基础工作规范的要求，会计资料的书写有其特定的规定。无论是阿拉伯数字的书写，还是大写数字的书写及修改，会计人员都应了解专业的书写要求，掌握规范的书写方法。特别是对企业经济业务中所涉及的凭证的书写，要求则更高。由于其对会计信息的真实性起着非常重要的作用，因此对会计人员的书写要求也更高。所以会计人员应注重培养自身的会计书写能力，全面提高职业能力及职业素质。

4. 快速准确的计算能力

计算贯穿着整个会计核算过程，虽然会计不等于计算，但是计算能力的强弱对于会计人员核算经济业务的效率还是起着非常重要的影响。在会计核算的过程中，仅掌握会计核算的方法是远远不够的。会计讲究的是平衡，特别是当会计业务比较繁杂时，会计人员往往面临着比较庞大的计算任务，在掌握会计核算方法的基础上，如何快速而准确地得出会计利润，考验着每一个会计人员的计算能力。因此快速而准确的计算能力是每一位会计从业人员必备的素质。

5. 精益求精的职业精神

由于会计工作的特殊性，会计信息对于考评一个企业的效益显得极其重要。会计工作对各种会计资料的无论是填制还是保管，都提出了较高的要求。

目前,大量的资料(特别是会计原始凭证)仍以纸质形式存在,殊不知有些资料具有原始性和不可替代性,如果当时不及时收集整理,或保管不善,一旦遭破坏,事后是无法弥补的。因此,必须注重培养学生精益求精的职业精神,在规范做账的同时,注重保管好种种会计资料,保障档案信息的安全。

二、《基础会计》课程职业素质教育教学内容

目标一:诚信的个人品质

【教学目的要求】

培养学生爱岗敬业、忠于职守、作一个诚实的人,使学生从进校的一刻即树立起职业精神,加强遵纪守法的职业意识,培养良好的职业道德。

【教学内容】

(一)课堂理论教学部分

1. 我国现行会计工作的管理体制

2. 我国现行的会计法规体系

3. 会计职业道德教育

(二)案例教学部分

1. 隋元柏——人为制造"东方电子"这一"股市神话"

原东方电子公司董事长兼总经理

"东方电子"财务造假案法院审理查明,原"东方电子"董事长兼总经理隋元柏,先后利用公司购买的1044万股内部职工股的股票收益和投入资金6.8亿元炒股的收益,共计17.08亿元,通过虚开销售发票、伪造销售合同等手段,将其中的15.95亿元计入"主营收入",虚构业绩,使"东方电子"自1997年起成为绩优股,并4次实行送、配股方案,人为制造了"股市神话",给股东造成重大经济损失。经查验证实并经司法判定、司法审计、会计鉴定,东方电子于1997年至2001年共计虚增主营收入17.0475亿元。

随后东方电子发布业绩下滑的风险预警公告，其股票价格连续下跌，市值大幅缩水。

2. 银广夏造假案

财政部、证监会调查表明，银广夏公司通过伪造购销合同、伪造出口报关单、虚开增值税专用发票、伪造免税文件和伪造金融票据等手段，虚构主营业务收入，虚构巨额利润，同时查明深圳中天勤会计师事务所及其签字注册会计师违反法律法规和职业道德，为银广夏公司出具严重失实的无保留意见的审计报告。证监会认定银广夏公司存在连续 4 年虚报利润等违规事实。

财政部对该案所涉及的会计师事务所和注册会计师依法进行了处罚：吊销两名签字注册会计师的资格；吊销中天勤会计师事务所的执业资格，并会同证监会吊销其证券、期货相关业务许可证。

3. 华源集团财务丑闻案

财政部 2006 年 11 月发布会计信息质量检查公告称，中国华源集团有限公司财务管理混乱，内部控制薄弱。部分下属子公司为达到融资和完成考核指标等目的，大量采用虚计收入、少计费用、不良资产巨额挂账等手段蓄意进行会计造假，导致报表虚盈实亏，会计信息严重失真。个别子公司甚至伪造文件骗取银行资金。

经财政部调查，该公司存有集团本部 2003 年未充分抵消内部交易、多计利润 2.41 亿元；上海医药（集团）有限公司 2004 年以空头支票冲减应收账款，虚增利润 8782 万元，其下属子公司 2003 年通过虚构业务、虚开发票等方式，虚增收入 1.77 亿元；上海华源制药股份有限公司、上海华源长富药业（集团）有限公司及其下属公司 2004 年通过虚构交易，虚增巨额无形资产，并用不实债权置换上述虚假资产，以避免计提坏账准备而发生亏损等事实。

【教学建议】

建议使用式案例教学法。在立足于基础会计学理论教学的基础上,适当引用现实经济生活中与会计实践紧密相连的、能引发学生深入思考的教学案例,让学生了解会计实践工作中可能碰到的实际问题及解决方法,提高学生的会计职业道德。

目标二:严谨细致的工作作风

【教学目的要求】

严谨细致的工作作风贯穿于整个会计工作,要求学生在会计处理上保持谨慎小心的态度,减少工作失误,保证会计资料的真实完整。充分估计到未来可能发生的风险和损失,尽量少计或不计可能发生的收益,使会计报表使用者、企业决策者提高警惕。

【教学内容】

(一)理论教学部分

1. 原始凭证的填制及审核

2. 记账凭证的填制及审核

3. 各类账簿的登记方法

4. 银行存款余额的核对及调节方法

5. 财产物资的盘存方法

6. 会计凭证的保管规定教育

7. 对账方法及查找错账的方法

8. 各类会计资料的保管规定

(二)实务操作部分

1. 基础会计自编习题会计凭证编制训练

2. 根据会计凭证登记会计账簿

3. 学生交换各类凭证及账簿,要求交互改错账

（三）讨论部分

要求:就会计工作中所遇到的困难及发生的错误,写一篇关于严谨细致工作作风的感想。

【教学建议】

建议通过经济业务实例的训练,达到熟练进行会计凭证的编制,会计账簿的登记的基本会计技能培养。在业务操作过程中,使学生认识到严谨细致的工作作风的重要性。

目标三:敬业的工作精神及敏感的职业判断能力

【教学目的要求】

培养学生热爱本专业的热情,在学习的过程中增强职业判断意识,提高会计职业判断能力,培养学生善于发现问题、解决问题、逻辑分析的能力。

【教学内容】

（一）专业思想教育

（二）专业教学内容

1. 会计等式成立的原理

2. 借贷记账法下试算平衡原理

3. 科目汇总表编制原理

（三）讨论教学部分

1. "好出纳"伏案记——宁波市审计局查处一挪用公款案纪实

要求:学生组成团队,对该案例进行讨论,说明在会计工作中职业判断能力的重要性。

作用:说明会计岗位的重要性,提醒学生在会计工作中要坚持原则,具备敏感的职业判断能力,防范各类舞弊现象。

2. 谈一谈专业化的心理:热爱

以下例子为例:

(1)观看周星驰喜剧系列的制作花絮(如《后天》、《指环王》、《勇敢的心》)

每一部经典制作后面都有难以想象的付出,为了一个动作,可以作 100 次,追求最佳效果。在这个片断中,看到导演、演员们认真和痴迷的研磨,很难想象他们不热爱这项工作,就像人们所评价的周星驰电影"一部电影,一次震撼"。

(2)"小沈阳"成名故事

过了春节,大家谈论最多的明星就是小沈阳,看看他在舞台上的那个劲,就是一种发自内心的热爱。我们为什么不能成为那样的喜剧明星呢,其实就是因为我们从严就没有喜欢过表演。

引申:

我们选择了财会专业,在财会工作当中,当我们碰到困难时,在心理上应该如何克服?

结论:最后在专业化的道路上,坚定的热爱是最好的老师。

【教学建议】

建议通过整个会计期间业务的处理(包括设计错误会计业务)使学生在会计业务处理过程中提高判断能力及发现问题的能力,体会试算平衡、会计等式成立的过程及原理,让学生从理性认识升华到感性认识。另讨论部分形式可相对自由,激发学生自主学习的精神,给学生自由发挥的空间。

目标四:规范的书写能力

【教学目的要求】

通过训练,要求学生在会计资料上能够做以按规范要求进行书写,培养学生规范书写的能力。

【教学内容】

1．数字的规范书写要求

(1)小写

(2)大写

2．数码金额的书写要求

(1)一般要求

(2)印有数位线(金额线)的数码字书写

(3)没有数位线(金额线)的数码字书写

(4)合理运用货币币种符号

3．数码字书写错误的订正方法

4．文字的书写规范

【教学建议】

结合多媒体动态示范教学法。使用多媒体教学,能大大节省板书的时间,展现了板书难以做到的形式和效果,增加了课堂教学的信息量。另建议购买实训资料,便于让学生在课后进行训练。

目标五:快速准确的计算能力

【教学目的要求】

要求学生在会计业务处理时,能够熟练运用计算工具进行快速而准确的计算。

【教学内容】

1．成本费用的计算分配方法

2．总账、明细账之间的对账方法

3．试算平衡计算的训练

4．财务会计报表的编制计算过程

（一）试算平衡练习（举例）

（二）财务报表编制计算练习（举例）

科目名称	借方余额	贷方余额	科目名称	借方余额	贷方余额
银行存款	29000		应付票据	20000	
应收账款	81000	3000	应付账款	2000	22000
坏帐准备	0	820	预收账款	1000	4000
预付账款	11840	60	应交税费	3400	0
原材料	21000		应付利息	300	2600
库存商品	82000		实收资本		210000
			资本公积	33020	
固定资产	85500		盈余公积		9800
累计折旧	0	24000	利润分配		1400
在建工程	21500		本年利润		2800
合计	321940	28620	合计	9500	302820

2 月份发生如下经济业务（资料中未提及的业务略）：

（1）2 月 1 日从银行取得短期借款 100000 元，限期为 6 个月，年利率为 3％，从银行提取现金 2800 元备用。

（2）收到 B 公司当日签发并承兑的商业汇票 25000 元，以抵其欠款。

（3）购进免税农产品已作为原材料入库，价款（不含税）10000 元，增值税抵扣率为 10％，款已付。

（4）接受甲企业作为资本投入的材料一批，并由此享有本企业 12 月初所有者权益的 10％，双方确认其价值为 25000 元，税务部门认定应交增值税税额为 4250 元，甲企业已开具了增值税发票。

（5）将商品 1000 件交付给 B 公司，委托其销售，该商品成本 60 元/件，合同规定 B 公司按每件 100 元出售，并且按售价的 10％支付手续费。

（6）收到 B 公司开来的代销清单后，企业开具增值税发票交付给 B 公司，发票上注明售价为 100000 元，增值税 17000 元。扣除 10000 元手续费后,应收 B 公司货款 107000 元,款项尚未收到。

(7)向 C 公司发出商品,成本 6000 元,售价 9000 元,增值税税率为17%,上月已预收 C 公司购货款 4000 元,余款尚未收到。

(8)月初在建工程已于本月交付使用,该工程在本月领用材料 5000 元(增值税 850 元),以现金支付人工费 650 元。

(9)现金盘点发现溢余 25 元,批准后作为营业外收入 25 元。

(10)计提本月固定资产折旧 1000 元,其中车间用固定资产折旧 700元,行政管理部门用固定资产 300 元。

(11)以银行存款向希望工程捐赠 8000 元。

(12)计提本月份应分担的短期借款利息。

(13)按余额百分比法计提坏账准备,计提比例为 1%

(14)转销无法偿付的应付账款 5100 元。

(15)将损益类科目的本月发生额转入"本年利润"(所得税略)。

要求:填制甲公司 2 月 28 日资产负债表中下列项目的金额:(1)货币资金;(2)应收账款;(3)预付账款;(4)存货;(5)待摊费用;(6)固定资产净值;(7)应付账款;(8)预收账款;(9)预提费用;(10)未交税金;(11)资本公积;(12)未分配利润。

【教学建议】

建议采用大量的例题,对学生进行计算能力的测试。

三、《基础会计》课程职业素质评价方案

(一)考核总体思想

传统方式考核方式存在比较大的缺陷,期末考试虽然比较综合,但是传统的题型存在一定的局限性,试卷中对那些实践性、能动性强以及体现学生职业素质的内容无法反映,只有回避。因此,这种形式的考试只是注重学生会计基础理论知识掌握程度的评价,忽视了对学生实践能力以及职业素质的评价。为此,有必要就传统的考核制度改革。

该课程的评价,应采取理论考试、实际操作相结合,课堂教学与学生活动相结合的方法,即理论部分实行"考教分离"制度,实训部分实行"操作验收"制度,学生活动实行"表现总结"制度的新型评价模式,以体现教学过程中知识、能力、素质三者的结合。

(二)考核方案的具体实施方案

1. 期末总评成绩百分比分布方案:

内容	比重
期中期末理论考试(知识)	50%
实训操作成绩(能力)	20%
职业素质表现(素质)	30%
合计	100%

2. 职业素质考核方案

结合《基础会计》素质具体培养目标及教学内容,将课程考核分为五个考核项目:

目标一:诚信的个人品质(8分)

A 考核依据:学习诚信、纪律诚信

B 考核形式:

(1)学习诚信:

作业独立完成情况,具体由课代表负责记录,教师进行监督,抄袭一次成绩下降一个档次。

上课迟到早退纪录由本班纪律委员负责登记,记入平时考核成绩,迟到或早退一次成绩下降一个档次。

(2)纪律诚信:

遵守校纪校规情况,具体由本班纪律委员负责登记,记入平时考核成绩,期末按操行分档次确定成绩。

对生活费用开支的管理及记账情况,具体寝室长负责对本寝室成员的生活费登记状况进行检查,成绩由生活费开支账本的完整性和及时性组成,其中完整性为1分,及时性为1分。期末将成绩上报教师。

C 考核分值:

考核内容	分值	优	良	及格	不及格
学习	作业完成独立程度评价	2	1.5	1	0.5
诚信	上课迟到、早退现象	2	1.5	1	0.5
纪律	遵守校纪校规,服从管理	2	1.5	1	0.5
诚信	合理支配生活费用,如期归还债务	2	1.5	1	0.5

目标二:严谨细致的工作作风(6 分)

A 考核依据:各类实训资料的保管情况,作业订正情况及关于严谨细致会计工作作风的感想。

B 考核形式:

(1)会计资料保管情况:由各学生自行保管,期末将各种会计资料进行装订,交由课代表检查装订的完整性及规范性,并将成绩上报教师。其中完整性分值为1分,规范性分值为1分。

(2)作业订正情况:要求各学生在作业出现错误时及时进行订正,期末由课代表负责统计次数,并将成绩上报教师。其中末订正一次成绩下降一个档次。

C 考核分值:

内容 \ 分值	优	良	及格	不及格
资料保管情况	2	1.5	1	0.5
作业订正情况	2	1.5	1	0.5
感想	2	1.5	1	0.5

目标三:敬业的工作精神及敏感的职业判断能力(4 分)

A 考核依据:对专业热爱程度、案例讨论成绩

B 考核形式:

(1)通过专业思想教育、观看影片等形式要求学生对学习会计专业课程谈一谈体会,教师根据学生写作情况予以评价。

(2)案例讨论成绩:通过会计诚信、会计法规等案例教育,要求学生级成讨论小组,由小组长记录各成员对案例的看法,并由各小组进行总结。教师对各组及各学生的讨论情况予以评价,鼓励学生发表自己的观点。

C 考核分值:

内容 \ 分值	优	良	及格	不及格
对本专业热爱程度	2	1.5	1	0.5
案例讨论总结情况	2	1.5	1	0.5

目标四:规范的书写能力(6 分)

A 考核依据:书写训练纸的书写情况、平时作业状况、账表凭证的书写情况

B 考核形式:

(1)书写训练情况:教师对各书写训练纸进行评价,其中大写金额数字分值1分,小写金额数字为1分。

(2)平时作业情况:要求学生日常作业按照会计规范来进行书写,包括用笔及修改错误等方面内容,期末由课代表负责统计。其中规范用笔分值为1分,规范修改错误分值为1分。

(3)账表凭证书写:要求学生按照会计规范的要求书写凭证及账簿。其中凭证书写正确为1分,账簿书写正确为1分。由课代表负责检查及登记,并将成绩上报教师。

C 考核分值

内容 \ 分值	规范	较规范	较不规范	不规范
书写情况训练	2	1.5	1	0.5
平时作业	2	1.5	1	0.5
账表凭证	2	1.5	1	0.5

目标五:快速准确的计算能力(6分)

A 考核依据:科目汇总表编制情况、成本费用核算情况、财务会计报表编制情况

B 考核形式:

(1)科目汇总表考核:通过科目汇总表练习考核学生的计算能力,要求学生在规定时间内进行汇总计算,错误一个账户下降一个档次,该项由教师负责评价。

(2)成绩费用核算情况:通过成绩费用的核算训练学生的计算能力,计算错误一个成本或费用成绩下降一个档次,该项由教师负责评价。

(3)财务会计报表编制情况:通过编制简易财务会计报表考核学生的计算能力,其中资产负债表为1分,利润表为1分。错误一个报表项扣0.1

分。该项由教师负责评价。

C 考核分值：

内容　　　　　　　　分值	优	良	及格	不及格
科目汇总表编制	2	1.5	1	0.5
成本费用核算	2	1.5	1	0.5
财务会计报表编制	2	1.5	1	0.5

第二节　《财务会计》课程职业素质培养研究

一、课程职业素质教育总体目标

1. 总体职业素质培养目标

具有诚信、敬业、严谨、细致的职业素质。

2. 本课程职业素质具体培养目标

具有良好的会计人员职业道德；改变思维定势，培养创新意识；严谨务实的工作作风，较强团队精神与合作意识。

二、具体目标实施方案

目标一：具有良好的会计人员职业道德

【教学目的要求】

培养学生爱岗敬业、忠于职守、作一个诚实的人，使学生从进校的一刻即树立起职业精神，加强遵纪守法的职业意识，培养良好的职业道德。

【教学内容】

（一）课堂理论教学部分

1. 了解会计核算的基本前提和会计核算的一般原则

2. 理解会计核算的一般原则在会计业务中的实际应用及作用

3. 会计职业道德教育

（二）案例教学部分

案例一：2001 年 5 月，税务部门在对某国有工业企业进行税务稽查时发现，该企业 2000 年度多提固定资产折旧 100 万元（为便于计算，数据已作简化处理，下同），因此责令企业作纳税调整，补交所得税 33 万元（该企业所得税税率 33%）。当时企业会计人员所作的会计处理如下：

① 借：所得税费用 33 万元

    贷：应交税费——应交所得税 33 万元

② 借：应交税费——应交所得税 33 万元

    贷：银行存款 33 万元

③ 借：本年利润 33 万元

    贷：所得税费用 33 万元

④ 借：利润分配——未分配利润 33 万元

    贷：本年利润 33 万元

账务处理后出现的问题：①该企业固定资产按直线法计提折旧，后续调整如何进行才能使固定资产账面的折旧率、折旧年限、折旧额相吻合，并与实际税负相一致？②现行税法已将所得税定位为企业在经营过程中为取得收入而发生的一项支出。将补交的所得税结转至利润分配显然不符合会计制度规定。③上年未分配利润的调增数不等于补交的所得税额，处理结果有误。④未做补提盈余公积调整，会计处理"漏项"。

案例二：2000 年 3 月，审计机关对某国有有限责任公司进行审计检查时发现，该公司上年度误将购入的一批已达到固定资产标准的办公设备记入"管理费用"账户，于是在下达的审计意见书中要求企业进行账务调整

（未列明调账分录）。该公司会计人员据此所作的调账分录如下：

①借：固定资产 300 万元

　　贷：以前年度损益调整 300 万元

②借：以前年度损益调整 300 万元

　　贷：利润分配——未分配利润 300 万元

账务处理存在的问题：该公司虽然对损益作了调整，但却在没有进行相应纳税调整的情况下，直接将损益调整的结果转入"未分配利润"，避开了纳税环节。

【教学建议】

建议使用式案例教学法。在立足于基础会计学理论教学的基础上，适当引用现实经济生活中与会计实践紧密相连的、能引发学生深入思考的教学案例，让学生了解会计实践工作中可能碰到的实际问题及解决方法，提高学生的会计职业道德。

目标二：改变思维定势，培养创新意识

【教学目的要求】

培养学生热爱本专业的热情，在学习的过程中增强职业判断意识，提高会计职业判断能力，培养学生善于发现问题、解决问题、逻辑分析的能力。要求学生在分析会计业务题时能有自己的职业判断，改变固有的思想定势，发挥自己创新意识的培养。

【教学内容】

1. 货币资金

2. 应收及预付货款

3. 存货

4. 投资

5. 固定资产

6. 无形资产和其他资产

7. 流动资产

8. 所有者权益

9. 费用和收入

10. 利润及利润分配

11. 财务报告

【教学建议】

建议通过会计业务核算提高学生在分析会计业务题时能有自己的职业判断,改变固有的思想定势,发挥自己创新意识的培养,激发学生自主学习的精神,给学生自由发挥的空间。

目标三:严谨务实的工作作风,较强团队精神与合作意识

【教学目的要求】

通过经济业务实例的训练,进行小组合作学习,按小组设疑相互讨论最终得出结论,培养团队精神和合作意识。

【教学内容】

1. 货币资金实训

2. 应收及预付货款实训

3. 存货实训

4. 投资实训

5. 固定资产实训

6. 无形资产和其他资产实训

7. 流动资产实训

8. 所有者权益实训

9. 费用和收入实训

10. 利润及利润分配实训

11. 财务报告实训

【教学建议】

财务会计分阶段实训,安排了小组合作摘星竞赛,发挥合作学习的优势,将全班学生分成 8 个小组,将接受能力较快与较慢的学生合理的搭配。按小组悬疑设问,鼓励学生独立思考、相互讨论最终得出结论,也可以有选择性的由学生来讲部分教学内容,由其他学生进行补充、更正,提高学生的学习兴趣,强化学习效果,还可以通过启示与点拨,引导学生推陈出新摆脱常规的思维方式,进行发散思维、开展隐性分层、促进不同程度学生的发展,培养学生的团队精神和合作意识。

三、考核办法

财务会计课程素质考核办法分为自我评价和综合评价两环节。

1. 自我评价

按规定的考核目标,对照自己的行为给自己打分。

2. 综合评价

综合评价分老师评价和自我评价两部分,权数为 4∶1。

教师评价由评价教师按评价目标打分,然后按权数综合。

3. 考核等级

考核等级分优、良、及格和不及格四等。

优:90 分及以上;良:75～89;及格:60～74;不及格:60 以下

附:考核表

班级		姓名		
项目	考核内容	分值	自我评分	教师评分
具有良好的会计人员职业道德	会计核算的基本前提和会计核算的一般原则	20		
	会计核算的一般原则在会计业务中的实际应用及作用			
	会计职业道德教育			

班级		姓名			
项目	考核内容	分值	自我评分	教师评分
改变思维定势,培养创新意识严谨务实的工作作风	货币资金 应收及预付货款 存货 投资 固定资产 无形资产和其他资产 流动资产 所有者权益 费用和收入 利润及利润分配 财务报告	40		
较强团队精神与合作意识	货币资金实训 应收及预付货款实训 存货实训 投资实训 固定资产实训 无形资产和其他资产实训 流动资产实训 所有者权益实训 费用和收入实训 利润及利润分配实训 财务报告实训	40		
	总分	100		
	自我评价占20%			
	教师评价占80%			
综合评价	(优、良、及格、不及格)			

第三节　《财经法规与会计职业道德》课程职业素质培养研究

一、课程职业素质培养目标

本专业职业素质的培养目标是诚信、敬业、严谨、细致。

通过该课程内容的学习,使学生在理论上全面了解,作为一名会计人员所应具备的职业素质中的职业道德及相应的法律责任的内容,引导、启发学生思考和研讨会计工作中发生道德冲突时的解决途径和方法,使学生充分认识到职业道德在会计工作中的重要性,提高自己选择行为和合理判断的能力,提高学生主动探索知识的能力和崇高的职业品质的培养,为其进入会计行业打下坚实的道德基础。

二、教学内容和要求

第一部分　财经法规

（一）会计法律制度

（二）支付结算法律制度

（三）税收征收管理法律制度

【教学目的要求】

这三章是道德规范中带有强制性以及最基本的部分,包括会计核算、会计监督、会计机构、会计人员、支付结算及税收征收管理的相关法律规定,以及违反财务会计法律应承担的法律责任。通过这三章的学习使学生能够通晓会计的相关法律和法规,熟练掌握会计业务流程中的相关规定,让学生知法懂法守法,培养学生学习和执行有关法规政策的自觉性,为其做出的道德行为提供坚实的理论基础。

【教学内容】

案例 1: 2008 年 3 月 2 日,甲公司收到一张由甲、乙两公司共同负担的原始凭证,该公司会计王某作了账务处理,同时将复制件提供给了乙公司并作了账务处理,年终甲公司销毁了一批会计档案,其中包括已保管 25 年的年度财务报告。6 月甲公司会计科长退休,公司经理将其爱人丁某安排财会科任科长。丁某多年从事会计工作并有会计从业资格证,主管部门知道后责令撤换。以上哪些行为不符合规定。

案例 1 中涉及填制会计凭证、会计档案的保管、销毁,会计从业资格及回避制度等知识点。

案例 2: 富林食品厂为国有中型企业,财政部门对其 2008 年的会计工作进行检查,经核实以下几种情况并依会计有关规定予以指正,要求限期改正。(1)三月该厂精简机构将财务科撤并到综合办公室,由厂办主任陈某兼综合办公室负责人,陈某一直从事行政管理工作。(2)原财务人员保留了三人为专职会计人员直属于陈某领导。(3)由出纳兼会计档案保管工作并兼记固定资产明细账。(4)原工资核算岗的李某调往设备科,其工作交给王某,由人事科长监交后来王某发现由于自己疏忽,李某移交的资料有短缺的问题。(5)该厂收受的一张由乙厂开具的销售发票金额数字有更改,但更改处已加盖乙厂公章,经核实金额数字与事实相符。根据以上各情况,找出处理办法。

案例 2 中涉及会计机构设置、会计工作岗位设置、回避制度、会计人员工作交接、原始凭证错误更正等知识点。

案例 3: 2007 年某国有低压电器厂的财会机构负责人于某由于工作调动,该厂厂长刘某任命他的好友刚刚取得会计从业资格证书的行政科李某为新的财会机构负责人,按照规定办理交接后于某调离该厂。李某为报答厂长刘某的知遇之恩,将刘某刚刚中专财会毕业没有会计从业资格证书的女儿招聘到厂里担任出纳工作,并负责往来款项账簿的登记工作。

同年,该厂出租闲置厂房一处,取得租赁收入 150 万元,厂长刘某暗示李某此笔收入可不入账,留作厂领导交际应酬和年终发放奖金。随即,李某指派会计人员张某办理此事,张某提出反对意见,坚持将此笔收入入账,并按规定缴纳各项税金。厂长刘某为了达到目的,坚持将会计人员张某掉里财会机构下放到车间。

2008 年末,该厂年终预计亏损 80 万元。为了完成上级主管部门下达的利润指标,厂长刘某授意李某将应计入 2008 年度的部分费用挂在长期待摊费用科目,待今后企业经营形势好转再计入成本费用。经过调整,该厂对外报出的 2008 年度会计报告反映的利润额为 180 万元,超额 30 万元完成利润指标。

2009 年初,审计部门接到举报信后进驻该厂进行审计。厂长刘某为了防止小金库等问题的败露,指使李某销毁有关小金库的会计资料。经过审计部门的严格审计,发现了该厂的上述问题并加以证实,据此给予相关人员处分。

案例 3 中涉及会计机构负责人的任职资格、会计从业资格证书的适用范围、会计职业道德、会计人员在会计监督中的职权、相关法律责任等知识点。

案例 4:财政部门于 2008 年 4 月派出检查组对甲公司的会计工作进行检查,检查中了解到以下情况:

1. 2008 年 2 月,甲公司购买 5 台计算机,会计人员刘某在审核其发票时,发现发票金额栏中的数字有更改现象,经查阅相关买卖合同单据,确认更改后的金额数字是正确的,于是要求该发票的出具单位在发票金额栏更改之处加盖出具单位印章。之后,甲公司财会机构据此登记入账。

2. 2008 年 3 月,甲公司收到一张应由甲公司与乙公司共同负担费用支出的原始凭证,甲公司会计人员张某以该原始凭证及应承担的费用进行账务处理,并保存该原始凭证.同时应乙公司要求将该原始凭证复印件提供给乙公司用于账务处理。

3. 2008 年 7 月,甲公司从现金收入中直接支取 50 万元用于职工福利。财会机构负责人王某称当时曾口头向公司负责人反映这样做不妥,但甲公司负责人仍要求其办理。

4. 2008 年 9 月,甲公司产品转型急需外购一批原材料,供货方提出先预付材料款 120 万元.为了争取到这批原材料,财会机构负责人王某指令会计人员给供货方开出一张 120 万元空头转账支票。

案例 4 中涉及会计监督、原始凭证错误更正、填制会计凭证、单位负责人的会计职责、会计机构和会计人员的基本职责以及支付结算的相关法律规定。

案例 5:滨海水产加工厂原是一家大型国有企业,2008 年内,发生了以下事项:

(1)调整新的领导班子上任,决定精简内设机构,中层干部轮岗,将会计部撤并到厂部办公室,同时任命办公室主任吴某兼任会计负责人。撤并以后,会计主要工作重新分工如下:原会计部主办会计继续留任会计工作,原设备处工作人员、吴某的女儿吴某调任出纳工作,兼任会计档案的保管。

吴某毕业于某名牌师范大学,自从参加工作以来一直从事办公室文秘,恪守职责,兢兢业业,深受厂领导和同事们的好评。为了使其尽快胜任会计负责人岗位,领导要求吴某半脱产参加会计知识培训班,并参加当年全市会计从业资格的统一考试。

(2)撤并工作完成,办理会计交接手续,由厂部纪检、监察部门严格监交。

(3)某司法单位因工作需要暂时借用滨海水产加工厂上一年的会计档案,对有关原始凭证做了摘录或复制。工作过程中,得到厂方的大力支持:吴某积极配合,并办理了详细的外借登记手续。

(4)在上级有关部门的关心、支持下,引进外资,滨海厂与外商合作,成立了中外合资的闽洋公司。公司管理层研究决定,公司以后凡是对外报送的财务会计报告均由吴某签字、盖章后正式报送,以利于会计信息的及时披露。

案例 5 中涉及到会计机构设置、会计工作岗位的设置、会计机构负责人的任职资格、会计资料的保管、会计工作交接、企业财务会计报告的对外提供等相关知识。

案例6：利须商贸公司于2008年3月2日办理了工商登记并领取了营业执照，会计张某于当月办理了税务登记并领取了税务登记证，随即向注册地银行开立了基本存款账户。5月4日该公司出纳签发了一张支票，但未在支票上注明收款人姓名和金额；6月公司聘用了一位退休老会计担任出纳，他持有外省颁发的会计从业资格证。11月该公司支付的一张现金支票背书转让给予丙公司，该支票转让时未超过提示付款期，但付款银行却拒绝办理付款。

案例6中涉及到票据结算、银行结算、会计从业资格证书管理、税务管理等相关知识点。

【教学建议】

通过案例法，穿插进各知识点，使学生在掌握会计核算方法的基础上进一步熟悉与会计相关的法律法规，在处理会计业务时有章可循、有法可依。

第二部分：会计职业道德

（四）会计职业道德

【教学目的要求】

在会计学专业就读的学生大部分是会计队伍的预备人员，在校学习期间是他们的会计职业情感、道德观念、是非判断标准初步形成的重要阶段，通过本部分内容的学习一是分析和巩固前面第一部分会计法律制度的内容，二是使学生充分认识到职业道德在会计工作中的重要性，坚定会计职业道德信念，增强履行职责和道德义务的自觉性。

【教学内容】

案例1：东方电子公司会计张红因工作努力，钻研业务，积极提出合理化建议，多次被公司评为先进会计工作者。张红的男友在一家民营电子企业任总经理，在其男友的多次请求下，张红将在工作中接触到的公司新产品研发计划及相关会计资料复印件提供给其男友，给公司带来一定的损失。公司认为张红不宜继续担任会计工作。

案例1中涉及到会计职业道德的内容、会计职业道德检查等相关知识点。

案例2：某公司因业务发展需要，从人才市场招聘了一名具有中专学历的张×任出纳。开始，他还勤恳敬业，公司领导和同事对他的工作都很满意。但受到同事在股市赚钱的影响，张×也开始涉足股市。然而事非所愿，进入股市很快被套牢，想急于翻本又苦于没有资金，他开始对自己每天经手的现金动了邪念，凭着财务主管对他的信任，拿了财务主管的财务专用章在自己保管的空白现金支票上任意盖章取款。月底，银行对账单也是其到银行提取且自行核对，因此在很长一段时间未被发现。至案发，公司蒙受了巨大的经济损失。请说说这个案例还给我们的启示。

案例2中涉及到职业道德教育、货币资金管理和内部控制制度等相关知识点。

【教学建议】

此外的案例教学具体采取两种方式：一种是老师出案例，学生分组讨论分析；另一种是学生自己搜集案例，可以是正面的例子，也可以是反面的例子，自由组合成小组讨论分析。结合学生作出的道德决策，让他们总结遵循职业道德的重要和违背职业道德的危害，并形成一个书面的分析报告。案例的选择应以剖析反面典型与宣传正面典型并重，剖析反面典型可以达到直观、形象、具体的警示教育目的；运用正面典型进行示范教育，可以弘扬正气，更加坚定自身的道德意志，增强未来会计人员固守职业道德的信心和决心。

三、考核方法

（一）《财经法规与会计职业道德》素质考核方案分为案例考核和分析报告两个环节。

1. 案例考核环节

在考试试卷中出案例分析，从中了解学生知法懂法的程度，考核其选择行为和合理判断的能力。

2. 分析报告环节

学习心得分为两部分,一是请学生自己在课后搜集案例,可以是正面的例子,也可以是反面的例子。二是让学生通过自己的案例,结合学生作出的道德决策,让他们总结遵循职业道德的重要和违背职业道德的危害,并形成一个书面的分析报告。考核学生主动探索知识的能力。

（二）评分方法

项目		比例	分数
案例考核环节		20%	
分析报告环节	案例搜集	30%	
	分析报告	50%	
总分		100%	

（三）等级设置

考核等级分为优秀、良好、及格和不及格四个等级。其中:优秀为100~90;良好为89~75;及格为74~60;不及格为60分以下。

第四节　《财政与金融》课程职业素质培养研究

一、财会专业职业素质培养的总体目标

培养专业素质高、职业技能强、适应能力快、诚信、敬业、严谨、细致,具有较强团队精神与合作意识的高素质技能型人才。

二、《财政与金融》职业素质培养的具体目标

培养学生具备财政金融的基本理论知识,使学生了解我国的财政政策

和货币政策,能够对实际生活中的经济现象进行分析,促使其关心国家财政大事。使学生具备危机意识和应变能力,锻炼学生的敏锐洞察力,提高学生在实际工作中分析和解决问题的能力,避免不必要的经济损失。同时加强学生的工作责任心,提高学生综合职业素质,增强自身职业道德观念。

三、《财政与金融》职业素质培养的具体实施方案

(一)

【教学方法】

培养学生具备财政金融的基本理论知识,使学生了解我国的财政政策和货币政策,能够对实际生活中的经济现象进行分析,促使其关心国家财政大事。

【教学内容】

案例 1：

1993 年 1 月 20 日克林顿入主白宫时,面对着他的是经济回升乏力、失业率不断上升、财政赤字居高不下,债务猛烈增长的形势。但在其第一任期内,美国经济即出现了战后最佳态势,经济持续高增长低通胀,财政赤字大幅削减。

到 1998 年,财政赤字消失并出现盈余,失业率和通胀率为战后最低水平。导致这一巨大变化有其国内外诸多方面的主客观因素。其中最关键的因素是克林顿政府的财政政策和美联储的货币政策及其协调配合。

问题设置：

1. 根据材料第一段,你觉得美国总统会采用哪种财政政策？请说明理由。

2. 你认为美联储应采用什么货币政策才能与财政政策很好的搭配来解决实际问题？

案例 2：

杭州卷烟厂建厂以来,它为政府和地方提供了大量的利税。建厂 50

年来平均每年缴纳利税近 2 亿元。多年来一直被评为杭州市最大的纳税大户。另据报道,改革开放 20 多年来,全国烟草业共上缴税利 7000 多亿元,每年上缴的税利约占财政总收入的 10%,已连续 10 多年高居各行业之首。

问题设置:

1. 国家财政收入的主要来源是什么?

2. 你觉得对卷烟征税有没有必要,请联系实际说明理由。

案例 3:

农村统筹资金的筹集对于促进农村公益事业发展,确保农村社会经济稳定发挥了积极作用。但随着农村经济的发展.这种收费制度越来越不适应形势的要求。自 20 世纪 80 年代中后期开始,在农村乱摊派、乱收费、乱集资之风愈演愈烈,出现了农民负担加重的问题,特别是进入 90 年代,农民负担过重的问题日益突出。

据不完全统计,农民负担的其他行政事业收费、罚款、集资摊派也为数不少,1991 年达 120 亿元,1992 年、1993 年虽然比上年下降了 21.01%、35.2%,但 1994 年和 1995 年却大幅度上升,分别上升了 38.3%、53.1%,这方面农民人均负担从 1991 年到 1995 年分别为 13.80 元、10.33 元、683 元、9.46 元、14.45 元,相当于农村统筹资金的 1/4 左右。而且全国各区域之间农民负担相当不平衡,越是贫穷落后的地区,农民负担越重,这已成为一个相当严重的问题。

问题设置:

1. 阅读材料分析我国农村经济为什么发展缓慢?

2. 你觉得国家应该采取哪些措施来改善这些问题?

案例 4:

20 世纪 80 年代初,拉美、非洲、亚洲有近 40 个发展中国家爆发了外债危机。巴西、菲律宾等国曾试用国际上流行的偿债率和负债率等指标控制债务规模,结果在没有超过警戒线的情况下,爆发了严重的债务危机。韩国自 1965 年以后,外债规模迅速扩大。1983 年底外债突破 400 亿美元大关,外债占 GNP 之比达 30％,偿债率达 21.2％。到 1985 年,韩国的外债达 468 亿美元,列世界第三债务国(前二位分别是巴西和墨西哥),偿债率高达 31.5％,大大超过了警戒线。作为一个发展中国家,韩国同样遭受西方国家经济危机的打击和石油价格波动的影响。

问题设置:

1. 什么是债券,国家发行债券的目的是什么?

2. 韩国面临债务危机,请你找找原因可能会出在哪些方面?

【教学方法】

案例教学法。

【教学方法】

在开展案例教学活动过程中应积极鼓励学生寻找多种答案,灵活运用所学的知识,发散思维,多角度回答,答案并不是唯一的。

(二)

【教学方法】

培养学生的危机意识和应变能力,锻炼学生的敏锐洞察力,提高学生在实际工作中分析和解决问题的能力,避免不必要的经济损失。

【教学内容】

案例 1:

16 世纪英国金融家、商人兼伊丽莎白女王一世的顾问托马斯·格雷欣于 1559 年在给英国女王的奏章中指出,由于英国货币的成色较以前降低,致使英国的对外贸易正在受到损失,因为他们正在使用贱金属铸造的货币来支付英国的对外贸易,而把贵金属铸造的货币储藏起来,使其退出流通领域。

问题设置:

1. 材料中体现了经济当中的什么原则?

2. 请你谈谈这个原则的基本含义。

3. 现在这个原则经常被用于描述市场上的伪劣产品驱逐优良产品的

现象。请你列举一个例子来说明。

案例 2：

小 A 到银行去取一年前存入的 10 万元钱。当他拿到 1800 元的利息时，觉得利息实在是太少了。于是，他就跟着朋友一起到了证券市场，购买了某公司的股票。刚过三天，股票价格上涨，他就赚了 5000 元，又过一段时间公司进行年度派息分红，小 A 又进账了 1000 元。小 A 很是兴奋，10万元在银行存了一年才得 1800 元利息，而在股市却只是短短几天就赚了6000 元。半年过去了，小 A 的股票价格虽然也上涨，但该公司却传出经营不善的消息，小 A 不仅把赚来的钱赔了进去，而且投进去的 10 万元也开始出现亏损了。

问题设置：

1. 什么是股票？公司为什么要发行股票？

2. 如果小 A 提出要把股份还给公司的请求，公司会同意吗？你觉得小 A 可以采取的什么方法来减少自己的损失？

3. 如果小 A 想投资收益比银行利息高的债券。请你比较一下股票和债券的异同点。

案例 3：

朋友一直抱怨所住楼房的安全问题。原来他住的楼房物业管理和社区服务很不健全，小区的生活环境不太好。某些家庭屡次发生失窃事件，原因之一是该居民楼里各单元没有加装公共防盗门。大家都希望楼里能装上一扇单元防盗门，使整幢楼的安全性增加。但防盗门一直没有装上。向单位房管部门反映，说是住在楼里的已经不完全是本单位的人，费用难以协调，装防盗门应该由居民自己出钱。于是该居民楼处于一种"无政府状态"之中，没有一个机构出面负责解决"装防盗门"这样的公共事务。

问题设置：

1. 你觉得装防盗门这件事情由居民自己出钱行得通吗？如果行不通，应该由谁来管比较合适？

2. 请运用学过的知识说明理由。

案例 4：

从 2002 年 1 月 1 日起，我国加入世贸组织，承诺 2002 年关税减让政策，将关税总水平由 15.3％降低到 1.2％。

问题设置：

1. 对生产同类进口产品企业会产生什么效果？

2. 国家财政收支会有什么变化？

【教学方法】

案例教学法。

【教学方法】

在开展案例教学活动过程中应积极鼓励学生寻找多种答案，灵活运用所学的知识，发散思维，多角度回答，答案并不是唯一的。

（三）

【教学方法】

加强学生的工作责任心，提高学生综合素质，增强自身职业道德观念。

【教学内容】

案例 1：

罗庄镇沈泉庄村党支部书记王廷江，对"钱"别有一番高论，他说："人活着没钱不行，光为钱活着也不行，钱这东西，生不带来，死不带去。"王廷江为挣钱没黑没白地苦干；为惜钱以至于出差很少在宾馆吃饭，总是找个小饭店吃碗面条或吃个包子。然而，他对集体、对别人却慷慨大方：他把自己苦心经营多年，拥有 420 万元固定资产和 180 万元流动资产的白瓷厂无偿地献给村集体，带领群众走上共同富裕之路。他拿出自己的 5 万公斤小麦送到苍山县灾民手中。

问题设置：

请运用经济常识有关货币的知识分析和评价王廷江的言行。

案例 2：

某某人抱着一箱失业救济金在海边晒太阳浴，心想："有了这个，我就不用工作了,呵呵。"

问题设置:

1. 你觉得此人的想法是否正确?

2. 如果每个人都有如此想法,会给整个社会带来什么影响?

3. 换做是你,你会怎么做呢?

【教学方法】

案例教学法。

【教学方法】

在开展案例教学活动过程中应积极鼓励学生寻找多种答案,灵活运用所学的知识,发散思维,多角度回答,答案并不是唯一的。

四、《财政与金融》职业素质培养的教学建议

本人认为要达到上述职业素质培养目标还可以开展如下社会实践活动:

1. 鼓励学生多看课外书,多了解经济信息。在深度和广度上扩大学生的知识面,使学生能够接触教学科研的前沿知识,从而较好地激发他们的学习积极性与创新精神。

2. 组织学生进行每周财经新闻点评。对当前财政金融政策和新动向进行讨论分析,还可开展关于当前财经热门话题的辩论赛来提高了学生的分析能力。

3. 举办学术讲座,拓宽学生视野。可以聘请校内外专家进行专题讲座,使学生接触财政金融学界不同的学术观点和流派,了解财政金融理论研究的热点和难点问题,加深对财政金融理论和实际问题的认识。

4. 组织学生走出校门。如到学校附近的证券市场、股票市场和银行参观。也可以让学生进行专题社会调研,如对地方政府财政收支、农村教育经费状况等问题进行实地调查,培养学生独立思考分析问题的能力。

五、《财政与金融》职业素质培养的评价标准

本课程由形成性评价和总结性评价两部分组成,均按百分制考评,评价基本模式如下表:

形成性评价(占总成绩的50%)	总结性评价(占总成绩的50%)
说明: 1. 课堂分组进行案例讨论分析,根据学生讨论回答情况来评定成绩。满分100分,占实践能力成绩的50%。注:对创造性思维的学生应注意发现并在成绩上给予特别鼓励。 2. 让学生在课余时间利用网络搜索最新的关于财政金融方面的新闻或消息2篇,并结合书本的理论知识进行分析评价或谈谈自己的感想或提提好的建议。要求:将评价或感想写成300~400字的文章,在期末之前上交。满分100分,酌情给分。占实践能力成绩的50%。	说明: 1. 形式:闭卷笔试(满分100分)。 2. 题型:填空、判断、选择、简答、计算、案例分析等。 注:题目要求能够体现职业素质的各个方面。

第五节 《成本会计》课程职业素质培养研究

一、职业素质教学目标

培养学生具有一定的政治素质,能够认真执行有关方针、政策和法规、廉洁奉公、坚持原则、客观公正、保守秘密,具有一定团队合作精神。在业务素质上要求应具备较强的会计专业知识、税收知识及相关经济法规知识,在企业里能够了解生产经营的各个环节、各部门的工作情况的基础上能够充分挖掘企业降低成本、费用的潜力,并能从提高企业经济效益出发,

参与企业生产经营的决策,提出改进经营管理的建议和措施,此外还要学生具有计算机处理相关的基本技能。

二、课程内容和要求

（一）总论

【教学目的要求】

培养学生的遵守财经法规的职业道德,以及语言表达分析能力。

【教学内容】

安然公司成立于 1985 年,早期主要从事天然气、石油传输等传统业务。进入 20 世纪 90 年代后,安然公司进入一个新的发展时期,进行了一系列的金融创新,其复杂而又高超的技巧使安然公司得到了金融创新巨擘的美称,并且成为美国 MBA 教材中案例而倍加赞赏。安然公司正是利用了这一点,成功地通过会计造假来维持公司不正当的利益。

1. 构造特殊目的实体（Special Purpose Entity,SPE）

SPE 是为了特定目的而构造的实体,是一种金融工具,企业可以通过它在不增加企业资产负债表中负债的情况下融入资金。安然公司为了能为他们高速的扩张筹措资金,利用 SPE 成功地进行表外筹资几十亿美元。但是在会计处理上,安然公司未将两个 SPE 的资产负债纳入合并会计报表进行合并处理,但却将其利润包括在公司的业绩之内。美国会计法规规定,只要非关联方持有权益价值不低于 SPE 资产公允价值的 3%,企业就可以不将其资产和负债纳入合并报表。但是根据实质重于形式的原则,只要企业对 SPE 有实质的控制权和承担相应风险,就应将其纳入合并范围。从事后安然公司自愿追溯调整有关 SPE 的会计处理看,安然公司显然钻了一般公认会计准则（GAAP）的空子。仅就这两个 SPE,安然公司就通过合并报表高估利润 5 亿美元,少计负债 25 亿美元。

2. 构造复杂的公司体系进行关联交易

安然公司创建子公司和合伙公司数量超过 3000 个。之所以创建这些公司是为了通过关联交易创造利润。媒体所披露的最典型的关联交易发生在2001年第二季度,安然公司把北美3个燃气电站卖给了关联企业,市场估计此项交易比公允价值高出3亿至5亿美元。还将它的一家生产石油添加剂的工厂以1.2亿美元的价格卖给另一个关联企业。而该工厂早在1999年被列为"损毁资产",冲销金额达4.4亿美元。之所以创建这么多而复杂的公司体系,拉长控制链条,是为了通过关联交易自上而下传递风险,自下而上传递报酬,在信息的披露上把水搅混。

3. 将未来不确定的收益计入本期收益

安然公司所从事的业务,许多是通过与能源和宽带有关的合约及其他衍生工具获取收益,而这些收益取决于对诸多不确定因素的预期。在IT业及通讯业持续下滑的情况下,安然只将合约对自己有利的部分计入财务报表,并且未对相关假设予以充分披露。

上述案例表明,披露虚假会计信息并不能改变公司本身存在的问题,这些问题最终是要败露的。有趣的是,安然问题的败露与虚假信息的曝光相关联。请看2001年发生的事件:2月20日,《财富》杂志称安然公司为"巨大的密不透风"的公司,其公司债务在堆积,而华尔街仍被蒙在鼓里;10月16日,安然公司宣布第三季度亏损6.18亿美元;10月26日,安然公司向美联储主席格林斯潘通报了公司的问题;11月8日,安然公司承认自1997年以来虚报盈利约6亿美元;12月2日,公司股票价格从当年最高每股90美元降至每股26美分,下降99%,安然公司只能选择申请破产。

如果说安然公司在投资决策方面犯了第一个错误的话,那么运用会计造假是犯了第二个错误。如果说在犯了第一个错误时,还有可能采取行动挽救公司命运的话,那么在犯了第二个错误后,错误的后果达到了极致,企业悲剧性的结局将很难避免。会计造假是一把双刃剑,既可以使其获得暂时的成功,也可以使其永久身败名裂。安然公司可谓"成也会计,败也会计"。

会计造假只能蒙骗一时,不能蒙骗一世。依靠会计造假发展企业无异于"饮鸩止渴"。这是会计造假者应该谨记的。

【教学方法】

案例教学法

（二）产品成本核算概述

【教学目的要求】

培养学生严谨、细致的工作作风。

【教学内容】

1. 归集和分配各项要素费用，从相关资产（如原材料、累计折旧、银行存款等）和负债（如应付职工薪酬、应付账款等）账户的贷方转入各成本、费用账户的借方。

2. 按权责发生制的要求，将应由本期负担的摊提费用分配计入成本费用，从有关的贷方转入各成本、费用账户的借方。

3. 分配辅助生产成本。将归集的辅助生产费用从其账户的贷方转入成本、成本账户的借方。

4. 分配制造费用。将归集的制造费用从其账户的贷方转入基本生产成本账户的借方。

5. 将基本生产成本账户归集的产品成本在本期完工产品和期末在产品之间分配，将完工产品成本从基本生产成本账户的贷方转入库存商品账户的借方。

【教学方法】

情景教学法

（三）成本构成要素核算

【教学目的要求】

培养学生创新能力、分析能力。

【教学内容】

材料耗费的归集和分配、外够动力成本的归集和分配、职工薪酬的归集和分配、其他要素费用归集和分配、待摊费用和预提费用的归集和分配、辅助生产成本的归集、辅助生产成本的分配、制造费用的归集和分配、废品损失的核算，通过大量的练习，使学生能够在多次练习中，学会选择对某种企业，使用那种方法。

【教学方法】

成本会计多媒体教学软件

（四）产品成本在完工产品与在产品间的分配

【教学目的要求】

培养学生的分析能力

【教学内容】

产品成本在完工产品与在产品间的分配方法：约当产量法、定额成本法、定额比例法、月末在产品只计算材料费用的方法等。学生能够自主分析适用的方法

【教学方法】

通过案例教学方法，计算机成本会计软件教学方法

（五）产品成本计算的基本方法

【教学目的要求】

培养学生仔细、严谨、团队协作能力

【教学内容】

品种法的特点、适用范围，品种法计算产品成本。

分批法的特点、简化分批法的核算要点、适用范围，分批法计算产品成本。

分步法的特点、适用范围。逐步结转分步法的要点、使用条件，成本还原；平行结转分步法的要点、使用条件。对比逐步结转分步法与平行结转分步法的优缺点。分步法计算产品成本。

【教学方法】

通过分组，专题的形式，由学生自主完成成本选择核算

（六）成本报表

【教学目的要求】

培养学生团队协作能力、诚信、保守秘密的能力

【教学内容】

成本报表的意义、作用、种类及编制要求。

商品产品成本报表的格式及编制方法。主要产品单位成本报表的格式及编制方法。

制造费用、管理费用等明细表的编制方法。

【教学方法】

通过去校外参观，实习、分组做一个企业成本报表，并相互保密，最后进行公开探讨

三、考核办法

成本会计课程素质考核办法分为形成性考核和终结性考核相结合的方式。

1. 形成性考核包括 3 次（最少），形成性考核即平时作业成绩，占学期总成绩的 50％，终结性考核即期末考试，期末考试成绩占学期总成绩的 50％。形成性考试至少分三次，第一次考核通过学生对案例分析考核的学生语言表达能力和分析能力，第二次通过在计算机软件的大量练习，考核学生电脑应用和基础知识熟练程度，第三次通过分组去企业实践，提出改进报告。

终结性考试是期末的综合评价。

综合评价分老师评价和自我评价两部分，权数为 4∶1。

2. 教师评价由评价教师按评价目标打分，然后按权数综合。

3. 考核等级

考核等级分优、良、及格和不及格四等。

优：90 分及以上；良：75～89；及格：60～74；不及格：60 以下。

附：考核表

班级		姓名		
项目	考核内容	分值	自我评分	教师评分
知识综合运用	《成本会计》知识综合运用	30		
专业心理素质	耐心	30		
	细心			
	操作熟练性			
	数字敏锐性			
程序及安全意识	按程序操作	30		
	爱护公物			
	系统安全			
	信息保密			
创新意识与创新能力	创新意识	10		
	创新能力			
	总分	100		
	自我评价占20%			
	教师评价占80%			
综合评价	（优、良、及格、不及格）			

第六节 《企业纳税会计》课程职业素质培养研究

一、职业素质教学目标

为培养具备诚信、敬业、严谨、细致等职业素质的会计专业人才，针对《税务基础》课程，应达到的职业素质目标为：

1. 拥有专业知识的综合运用能力。

2. 知晓税法、熟练运用税收优惠政策的能力。

3. 细致审慎的工作风格。

4. 对工作单位的忠诚。

二、课程内容和要求

（一）税收基本理论

职业素质渗透方案：普及税法宣传

1. 税收大案要案

2. 税法 Flash

目的：教导学生遵守财会税收工作人员的职业道德，具有法律意识。通过案件的回放，使学生明白违反税法、触犯法律的后果。

（二）中国现行税制

职业素质渗透方案：在税收理论教学的基础上，结合涉税会计处理和纳税申报。一是培养综合操作能力，二是在纳税申报操作过程中灌输职业素质：

1. 应纳税额计算的准确性。

2. 填制报表时的细心。

3. 报表模拟报出前的审核要严谨。

4. 对企业的财会税务信息要保密。

（三）税收管理

职业素质渗透方案：实地观摩，使学生熟悉各税务局职能分局办理的业务，熟悉办事流程，具备成熟稳健的办事风格。

1. 介绍绍兴市国家税务局、地方税务局机构设置及职能

2. 实地参观

三、考核办法

职业素质考核按百分制，满分 100 分。分三块内容进行。

1. 案例分析：卷面测试。试卷包含两个案例。一是税收计算的案例，指出计算存在的问题，并做出正确处理。另一个是触犯税法的案例，学生发现违法行为，指明法律后果；并说明：单位如果不服，可以采取的措施。

卷面成绩 100 分,按 40％折算计入总分。

2. 纳税申报:结合纳税申报定级卷面测试。判分时,综合考虑计算的正确、报表填制时的细心和完整。卷面成绩 100 分,按 40％折算计入总分。

3. 参观税务局后的总结:学生写一篇总结。介绍税务局的机构设置、窗口设置等,谈谈自己的发现和体会。计 20 分。

第七节 《财务管理》课程职业素质培养研究

一、财会专业职业素质培养的总体目标

培养专业素质高、职业技能强、适应能力快、诚信、敬业、严谨、细致,具有较强团队精神与合作意识的高素质技能型人才。

二、《财务管理》职业素质培养的具体目标

培养学生树立正确的财务管理目标,具备科学的理财观念和合理规避风险的意识,为企业提供宝贵的信息资料,防止给企业带来不必要的损失。培养学生具备企业管理的能力。包括组织协调能力;分析判断能力;沟通交流能力;领导能力等并能够在实际工作中充分发挥财务管理的职能。培养学生运用综合专业知识的能力。使学生具有良好的人际交往能力、团队协作意识。培养学生具有良好的工作作风。包括具备遵纪守法、廉洁奉公、爱岗敬业的职业素质。不断追求创新,自觉学习,养成善于分析经济问题和理财的习惯。

三、《财务管理》职业素质培养的具体实施方案

(一)

【教学方法】

培养学生树立正确的财务管理目标,让学生具备科学合理的理财观念和规避风险的意识,为企业提供宝贵的信息资料,防止给企业带来不必要的损失。

【教学内容】

案例1:

多年以前,某报曾作过这样一条报道:有300条鲸突然死亡,原因是这些鲸在追逐一批沙丁鱼时,不知不觉被困在一个海湾里。有人评价:"这些小鱼把'海上巨人'引向死亡。"这些庞大的鲸只顾眼前利益而空耗实力,最终陷入死亡的境地。

问题设置:从财务管理目标的角度分析这件事给我们的启示是什么?

案例2:

从前,有一个很有钱的富翁,他准备了一大袋的黄金放在床头,这样他每天睡觉时就能看到黄金,摸到黄金。

但是有一天,他开始担心这袋黄金随时会被歹徒偷走,于是就跑到森林里,在一块大石头底下挖了一个大洞,把这袋黄金埋在洞里面。

有一天,一个歹徒尾随这位富翁把这袋黄金给偷走了。富翁非常伤心,正巧森林里有一位长者经过此地,他就对这位富翁说:"我有办法帮你把黄金找回来!"

话一说完,这位森林长者立刻拿起金色的油漆,把埋藏黄金的这颗大石头涂成黄金色,然后在上面写下了"一千两黄金"的字样。写完之后,森林长者告诉这位富翁:"从今天起,你又可以天天来这里看你的黄金了,而且再也不必担心这块大黄金被人偷走。"

富翁看了眼前的场景,半天都说不出话来……

问题设置: 森林长者的做法有没有道理? 他抱着怎样的理财观念?

案例3:

大学刚毕业的小李上班两个多月,每个月4000元左右的薪水,单位还替他租了住房,但他这两个月都是"月光"。日常吃饭费用、交通费、电话费和水电费至多1000元,那其他的钱都怎么没了呢?小李自己也觉得不对劲,左算右算,请朋友吃饭、唱歌、出去玩、买衣服,这些又花掉了1500元左右,其余的钱怎么用掉了他还真"一时想不起来了"。

问题设置: 如果你是一名理财专家,请你帮助他设计一份合理账务计划。

案例4:

2004年4月,德隆帝国经历了生死时速。从4月13日起,德隆系全面崩盘,老三股湘火炬、合金投资和新疆屯河股价一路狂泻,市值缩水近70亿元。也恰好在4月里,宏观调控大风劲吹,4月底,德隆资金链断裂,资金缺乏后续的德隆系彻底崩盘。

据了解,德隆系的资产主要分为两大部分:实业企业,有200多家,行业从番茄酱、水泥到重型汽车、铁合金等等;金融企业,德隆控股、参股了多家证券公司、租赁公司、信托公司、商业银行等等,德隆是一个跨地区、跨产业的大型公司。

研究德隆的发展以及在各行业的扩张历程可以发现,它就像一个资本恶魔一样,利用各种手段融资,而为此付出的代价也是巨大的:德隆在向社会融资时,习惯用高额回报吸引出资方,一般融资年利率都在13%以上,当资金链紧张时,甚至开出过18%到20%的利率。"在融资成本上面,德隆每年至少也要付掉几十个亿。"

一方面,德隆的投资速度急速加快,融资成本越来越高昂;另一方面,所投资的项目产生的经营现金流又不足以弥补资金缺口。而当融资所带来的成本大于所投项目所能产生的经营现金流时,如果在短期内出现,并且能够快速弥补,对企业造成的影响还不算大,但长期这样,资本在不断的消耗,所需的资金却越来越多,只要资金链一断裂就会出现量变到质变,全然崩溃,游戏就玩完。

问题设置:请找出德隆系全面崩盘的原因并提出相应的风险规避措施。

案例5:

四川长虹 2003 年年报、2004 年半年报上早就赫然显示,APEX 公司拖欠长虹应收账款 40 余亿元。2001 年起,为实现长虹的海外战略、提高销售额,一车车的彩电运出去却没能为长虹换回大把的美元,APEX 公司总是以质量或货未收到为借口,拒付或拖欠货款。

2002 年,长虹的出口额达 7.6 亿美元,其中 APEX 就占了近 7 亿美元;2003 年长虹出口

额达 8 亿美元左右,APEX 占 6 亿美元。而从 2000 年长虹开始出口到 2004 年,其总的出口额也就 24 亿多美元。长虹内部为此专门成立了 APEX 项目组。同时,长虹在美国设立了一个联络点,但这个联络点不负责 APEX 项目的监管,只负责接待。长虹一方面也提出对账的要求,一方面却继续发货,APEX 方面总是故意搪塞或少量付款。

问题设置:四川长虹存在的是哪方面的风险?应该采用什么措施来防范规避风险。

【教学方法】

案例教学法。

【教学方法】

在开展案例教学活动过程中应积极鼓励学生寻找多种答案,灵活运用所学的知识,发散思维,多角度回答,答案并不是唯一的。

(二)

【教学方法】

培养学生具备企业管理的能力。包括组织协调能力;分析判断能力;沟通交流能力;领导能力等并能够在实际工作中充分发挥财务管理的职能。

【教学内容】

案例1：

某公司根据 2003—2004 年 A 产品的生产、销售情况以及企业现实状况，预计 2005 年 A 产品产量为 4000 万吨，实现营业收入 32000 万元。公司为实现这一目标，组织专家，对目标进行综合评价，制定具体计划，协调各项相关指标；在计划执行过程中，组织各类技术人员对成本费用、产品质量等加以影响和调节，以便实现计划目标。2005 年底，财务人员对本年各项财务指标进行汇总，编制财务报告，并对报告中各项指标进行分析、评价，以此作为 2006 年度相关指标预测的参考资料。

问题设置：阅读本例，结合书本谈谈本例中涉及了几种财务管理的职能？并进行具体分析。

案例2：

有位客人到某人家里做客，看见主人家的灶上烟囱是直的，旁边又有很多木材。客人告诉主人说，烟囱要改曲，木材须移去，否则将来可能会有火灾，主人听了没有作任何表示。

不久主人家里果然失火，四周的邻居赶紧跑来救火，最后火被扑灭了，于是主人烹羊宰牛，宴请四邻，以酬谢他们救火的功劳，但并没有请当初建议他将木材移走，烟囱改曲的人。

有人对主人说："如果当初听了那位先生的话，今天也不用准备筵席，而且没有火灾的损失，现在论功行赏，原先给你建议的人没有被感恩，而救火的人却是座上客，真是很奇怪的事呢！"主人顿时省悟，赶紧去邀请当初给予建议的那个客人来吃酒。

问题设置：通过这个小故事请你谈谈作为一个企业管理者应该具备怎样的管理意识？

案例3：

全球著名能源公司——美国安然公司破产案，近日引起世界石油业广泛关注。中国石油天然气集团公司总经理马富才说，安然公司破产的一个重要原因是企业的战略决策了问题，而方向性的错误是很难补救的。

美国能源交易商安然公司向纽约破产法院申请破产保护，创下美国历史上最大的公司破产纪录。由于公司虚报盈利披露后引起股价暴跌，投资者及公司员工损失惨重，美国国会及有关部门先后介入调查，掀起轩然大波。

问题设置：请用所学的知识分析一下安然公司破产的原因。作为管理者应该加强自身哪些方面能力的提高。

案例4：

一位富有理想的工匠正打算开办一家自己的企业。他喜欢木工并想生产工艺桌、柜架和其他家具。在这之前，他和三个合作者曾为他所在城市的一些大型企业生产了花梨木和核桃木会议桌。这位有志于成为企业家的人表达了他的思想，这看起来更富于理想化而非商业化。他相信，享受职业乐趣的氛围而获得成功。他甚至愿意在付给员工固定的薪水之后，分享企业利润。

问题设置：这个企业家的预期回报可能会怎样影响企业的成功？你愿意对他的新企业投资吗？请说明理由。

【教学方法】

案例教学法。

【教学方法】

在开展案例教学活动过程中应积极鼓励学生寻找多种答案，灵活运用所学的知识，发散思维，多角度回答，答案并不是唯一的。

（三）

【教学方法】

培养学生运用综合专业知识的能力。使学生具有良好的人际交往能力、团队协作意识和较好的职业心理素质。

【教学内容】

在一个模拟的经营环境中，将5～6名学生组成一家模拟公司，各学生分别扮演不同的职位角色（如总经理、财务主管、销售经理等），学员必须努力搜寻相关信息,利用财务分析工具进行加工,提供决策依据。再结合自身战略及竞争环境变化进行投资、筹资、研发、营销等一系列的经营活动,并通过对比不同模拟公司经营业绩的好坏来评价不同学员的财务意识水平、财务知识掌握与运用程度。主要掌握如下内容:

1. 解读三大财务报表:资产负债表、利润表、现金流量表。

2. 熟悉财务分析工具:偿债能力指标、盈利能力指标、营运能力指标。

3. 掌握管理中的财务技能:定价策略、竞争性市场分析、竞争优势分析等。

【教学方法】

情景教学法,主要通过财务管理沙盘模拟演练。

【教学方法】

这种方法运用必须要具备相应的实验室和相关的财务软件。

(四)

【教学方法】

培养学生具有良好的工作作风。包括具备遵纪守法、廉洁奉公、爱岗敬业的职业素质。不断追求创新,自觉学习,养成善于分析经济问题和理财的习惯。

【教学内容】

组织学生到单位参观实习,实习内容如下:

(1)学习单位的资金运动过程和业务流程等方面的特点。

(2)学习单位财务管理组织形式,原则和各项资金管理方法。

(3)学习单位财务分析的主要内容和方法。

(4)学习单位现代财务管理的方法。

实习具体要求:

(1)对实习单位的财务管理过程有较全面的了解,并进行必要的实际操作。

(2)听取实习单位财务指导人员对企业情况的讲解。

（3）积极参加企业与财务管理工作有关的各种会议，如财务分析会议和决策会议。

（4）遵守实习纪律，不无故缺勤，有事向单位请假。

（5）遵守财经纪律，妥善使用资料，注意资料的保密性，未经实习单位允许、不许将有关资料公开引用或外传。

（6）尊重企业的干部和职工，虚心学习，服从企业工作安排。

【教学方法】

实践教学鉴于学生数量众多，集体联系实习单位不太现实，所以实习单位由学生个人联系，分散实施。注：这部分内容在条件允许的情况下实施。

四、《财务管理》职业素质培养的评价标准

本课程由形成性评价和总结性评价两部分组成，均按百分制考评，评价基本模式如下表：

形成性评价（占总成绩的 50%）	总结性评价（占总成绩的 50%）
说明：	说明：
1. 课堂分组进行案例讨论分析（有条件的可开展财务管理沙盘比赛），根据学生讨论回答情况或比赛成绩来评定成绩。满分 100 分，占平时成绩的 50%。注：对创造性思维的学生应注意发现并在成绩上给予特别鼓励。 2. 提供某企业的三大财务报表，让学生根据所学的财务管理知识计算企业偿债能力、营运能力和盈利能力指标，并根据指标写出一份简单的财务分析报告。要求：在两节课内完成，根据分析的准确性和合理性酌情给分，满分 100 分，占平时成绩的 50%。 注：如果条件允许组织学生参加社会实践，可用 500 字左右的实习报告代替财务分析报告。酌情给分，满分 100 分，占平时成绩的 50%。	1. 形式：闭卷笔试（满分 100 分）。 2. 题型：填空、判断、选择、简答、计算、案例分析等。 注：题目要求能够体现职业素质的各个方面。

第八节 《会计英语》课程职业素质培养方案

一、职业素质教学目标

为培养具备诚信、敬业、严谨、细致等职业素质的会计专业人才，针对《会计英语》课程，应使学生具备如下职业素质：敢于用外语交流的胆量；获取国外会计信息的能力等。

二、课程内容和要求

采用自编会计英语讲义的方式，将职业素质教育渗透其中。

（一）讲义中增加会计英语对话，达到每次课都有对话，加强口语训练。鼓励学生开口说。

（二）教学生会看音标，能借助外文工具阅读外文资料。尤其要能读懂西方会计报表。教学内容：

1. 国际音标。教师要重视音标教学，花足够的时间和精力，开展各种各样的活动和竞赛，操练音标，让学生在活动中操练和使用音标，从而熟练音标，使用音标熟练似于使用汉语拼音。在日常教学中，强调音标的重要性，并且慢慢培养学生运用音标学习和记忆词汇的意识和习惯。学生要运用发音规则灵活记忆单词，从而彻底改变学习词汇难的局面。

2. 外文词典。教学生使用外文词典。学会从词典中获取音标、释义、用法示例。

3. 金山词霸。看网上文献，或手头没有词典，可以用金山词霸帮助阅读。

4. 会计报表格式（主要是资产负债表、利润表）。要会看会计报表，必须掌握相关术语。这也是教学中的重点。

5．外文资料选读。

(三)学生掌握会计英语专业术语。

教学内容：

1．会计科目中英对照。

2．各种原始凭证中英对照。

3．其他专业术语的学习。

(四)能在做中文账的同时做英文账，提高其职业能力。

教学内容：

1．T形账。

2．国外采用的普通日记账登账。

3．编制试算平衡表等。

三、考核办法

职业素质考核按百分制，满分100。分四块内容进行：

1．音标：以一对一(教师对单一学生)的方式，让学生根据音标发音。此项内容占20%。

2．口语：两个学生一组，口语对话。教师评分。此项内容占20%。

3．专业术语：卷面考试。分中译英、英译中。此项内容占20%。

4．专业内容阅读理解，可用工具书(词典)：此项内容占40%。

第九节 《财务会计综合实训》课程职业素质培养研究

一、课程职业素质教育总体目标

1．总体职业素质培养目标

具有诚信、敬业、严谨、细致的职业素质。

2．本课程职业素质具体培养目标

体验会计工作,陶冶职业道德;强化审核和监督的意识;综合运用财务会计知识的能力。

二、具体目标实施方案

目标一　体验会计工作,陶冶职业道德

【教学目的要求】

给学生提供至少一个典型中小企业的业务环境,以中小型企业一般会计业务和典型会计业务为主线,强化实际动手操作,使学生掌握与岗位要求适合的专业技能。

【教学内容】

(一)课堂教学部分

1．账务处理实训

2．报表编制实训

(二)案例教学部分

案例一:M 市某公司属国有企业,注册资金 1050 万元,法人代表徐某,主要经营钢材、原木、汽车等物资。1997 年 8 月,该市国税局统一部署对长期负申报的商业企业进行专项检查,直属分局稽查科向该公司下达了进行税务检查的通知,对该企业自 1996 年 1 月 1 日至 1997 年 6 月 30 日履行增值税纳税义务情况进行检查。

从纳税申报表、会计报表看,该企业在一年来的经营期内,应缴增值税为 1694393.99 元,是一个比较典型的长期负申报企业。进入企业后,检查人员出示了税务检查证,讲明来意。企业主管人员介绍企业经营情况时称,由于近年来市场疲软,物价波动较大,企业经营不景气,或滞销积压,或购销价格倒挂,所以出现负申报。针对该企业财务会计制度比较健全、账

簿资料比较完整的情况,检查人员采用抽查方法,重点检查了企业的往来账户和有关资料,并且用核对法认真地以"库存商品"核对进货发票,以销售发票核对销售收入账,不放过一个疑点。通过深入细致的检查,在"应付账款"科目中发现以下问题:

1. 该企业 1996 年 12 月购进冷板 117.499 吨,价税合计 560470.23 元,其中进项税额 81435.85 元,企业于 1996 年 12 月付款 540000.00 元,在未付完款项的情况下,先行申报抵扣了进项税额。

2. 1997 年 4 月,该企业购进冷板 40.46 元,价税合计 163863.00 元,其中进项税额 23809.15 元,企业在支付 140000.00 元后,申报抵扣了进项税额。

3. 1996 年 12 月,购进冷板 54.621 吨,价税合计 252895.23 元,其中进项税额 36745.46 元,该企业于 1997 年 1 月支付货款 250000.00 元,在未付完货款的情况下,申报抵扣了进香税额。

4. 1996 年 4 月,该企业购进一辆桑塔纳轿车,价税合计 195336.18 元,其中进项税额 28382.18 元,企业没有付款,在 1996 年 4 月抵扣了进项税额。

5. 该企业 1996 年转 0007 号凭证,反映从某铜矿购入电解铜 206518.90元,其中进项税额 30007.02 元,1996 年 11 月在未付款的情况下申报抵扣了进项税额。

以上 5 笔经济业务属于同样的问题,违反了国家税务总局《关于加强增值税管理若干问题的通知》(国税发[1995]015 号)和《关于加强增值税征收管理若干问题的通知》(国税发[1995]192 号)的有关规定,即商业企业必须在购进货物付款后,才能申报抵扣进项税额。分期付款方式的购进货物,应在所有款项支付后,才能申报抵扣该货物的颈项税额。该企业扩大抵扣范围和提前抵扣了税款,涉及税款达 200379.64 元。

通过检查取证,询问有关当事人,在弄清经济业务发生来龙去脉的基础上,根据《中华人民共和国征收管理法》第四十条和国家税务总局《关于加强增值税征收管理工作的通知》的规定,制作了《税务行政处罚事项告知书》，告知企业拟对其偷税行为除补缴税款外并处以罚款，同时告知其有申辩权、举证权和要求举行听证的权利。该企业主管人员认为，我们是国有企业，是不会故意偷税的，对企业这种说法，检查人员和企业领导及财务人员共同学习了《中华人民共和国税收征收管理法》和国家税务总局有关文件（案发时有效规章）的规定，企业认识到其所犯错误，消除了抵触情绪，愿意接受处理，放弃听证。

经局案件审理委员会研究决定对该企业的偷税行为除追缴其所偷税款 200379.64 元外，并处以罚款 100189.82 元，共共计补税、罚款 3000569.46元，限期入库。企业接到《税务行政处理决定书》后，按期缴纳了税款和罚款。

【教学建议】

采取单人全过程综合实验，即要求每个参加实验的学生，必须把经济业务按实际会计工作的要求，独立地操作一遍，最终把证、账资料装订成册，写出分析评价报告；建议使用式案例教学法。在立足于基础会计学理论教学的基础上，适当引用现实经济生活中与会计实践紧密相连的、能引发学生深入思考的教学案例，让学生了解会计实践工作中可能碰到的实际问题及解决方法，提高学生的会计职业道德。

目标二：强化审核和监督的意识

【教学目的要求】

设计一套从形式上基本符合要求，但实质上包含多种错漏或作假的会计资料，有意加入一些不合法、不合理的原始凭证强化审核和监督的意识。

【教学内容】

（一）课堂教学部分

错账查找方法。

在对账过程中，可能发生各种各样的差错。产生差错的原因可能是重记、漏记、数字颠倒、数字错位、数字记错、科目记错、借贷方向记反,从而影响会计信息的正确性,如发现差错,会计人员应及时查找并予以更正。常见的差错查找方法有以下几种。

1. 差数法

差数法是按照错账的差数查找错账的方法。如会计凭证上记录的是:

借:应交税费——营业税   5 250

          ——城市维护建设税   367.5

          ——个人所得税   500

   其他应交款—教育费附加   157.5

   贷:银行存款   6 275

若会计人员在记账时漏记了城市维护建设税 367.5 元,那么在进行应交税费总账和明细账核对时,就会出现总账借方余额比明细账借方余额多 367.5 元的现象。对于类似差错,应由会计人员通过回忆相关金额的记账凭证进行查找。

2. 尾数法

对于发生的角、分的差错可以只查找小数部分,以提高查错的效率。如只差 0.06 元,只需看一下尾数有"0.06"的金额,看是否已将其登记入账。

3. 除 2 法

当账账、账证或账实不符,且差数为偶数时,应首先检查记账方向是否发生错误。在记账时,有时由于会计人员疏忽,错将借方金额登记到贷方或将贷方金额登记到了借方,这必然会出现一方合计数增多,而另一方合计数减少的情况,其差额恰是记错方向数字的 1 倍,且差数是偶数。对于这种错误的检查,可用差错数除以 2,得出的商数就是账中记账方向的反方向数字,然后再到账目中去寻找差错的数字就有了一定的目标。如:

借:其他应收款——总务科   500

   贷:库存现金   500

登记明细账时,错把其他应收款登记入贷方,总账与明细账核对时,就会出现总账借方余额大于明细账借方余额 1 000 元,将 1 000 元除以 2,正好是贷方记错的 500 元。

4．除9法

除9法是指用对账差额除以9来查找差错的一种方法,主要适用于下列两种错误的查找:

(1)数字错位。在查找错误时,如果差错的数额较大,就应该检查一下是否在记账时发生了数字错位。在登记账目时,会计人员有时会把位数看错,把十位数看成百位数,百位数看成了千位数,把小数看大了;也可能把百位看成十位,千位看成百位数,把大数看小了。这种情况下,差错数额一般比较大,可以用除9法进行检查。如将 70 元看成了 700 元并登记入账,此时在对账时就会出现余额差 $700-70=630$(元),用 630 元除以 9,商为 70 元,70 元就是应该记录的正确的数额。又如收入现金 800 元,误记为 80 元,对账结果会出现 $800-80=720$(元)差值,用 720 元除以 9,商为 80 元,商数即为差错数。

(2)相邻数字颠倒错误的查找。在记账时,有时易将相邻的两位数或三位数的数字登记颠倒了,如将 86 记成 68,315 记成了 513,它们的差值分别是 18 和 198,都可以被 9 整除,这样知道错误问题之后,进一步判断错在哪一笔业务上就可以了。

如果用上述方法检查均未发现错误,而对账结果又确实不符,还可以采用顺查、逆查、抽查等方法检查是否有漏记和重记等现象。顺查是指按账务处理的顺序,从凭证开始到账簿记录止从头到尾进行普遍核对。逆查法是指与账务处理顺序相反,从尾到头的检查方法。抽查法是指抽取账簿记录中某些局部进行检查的方法。

(二)案例教学部分

8月2日,新疆一起涂改货物运输发票偷税的犯罪嫌疑人王新军被依法逮捕,等待他的将是法律的严惩。

第二章

据了解,按照国家税收政策规定,纳税人实际发生的货物运输费用,通过开具真实的运输发票,可按 7% 予以抵扣税款。为此,一些不法分子就把心思放在运输发票上。

今年 6 月下旬,乌鲁木齐市东山区国税局在对新工建材公司取得的大额货物运输发票进行日常检查时,发现该公司 2003 年 5 月接收的新疆奎屯市运输公司开具的票号为 0028428 号,票面金额为 997147 元的"新疆公路运输统一发票",存在大头小尾、套开发票及可疑大额发票等疑点。经进一步调查核实,认定 0028428 号运输发票,是奎屯市个体运输业户王新军为新工建材公司运送货物提供的,发票金额被进行了涂改,将已封顶的运费金额为 7147 元的发票联,大、小写金额涂改为 997147 元,涂改后发票联正面基本不留痕迹,很难发现,而背面有明显涂改痕迹。新工建材公司以自产水泥抵顶了运输费用,取得涂改发票后计算申报抵扣进项税额、列支成本。

在乌鲁木齐国税、地税稽查局和奎屯市国税、地税稽查局与奎屯市公安局的密切配合下,办案人员对新工建材公司取得的 10 万元以上运输发票调回原件进行协查。检查人员已查明以上涉案的"新疆公路运输统一发票"共计 13 份,涂改前金额总计 19711.76 元,涂改后金额总计 4805711.76 元。

初步查明,王新军偷税 60 余万元,新工建材公司及奎屯分公司偷税 180 余万元。联合办案组已查出王新军向新工建材公司及奎屯分公司结算的运输费用,大部分是王新军从新疆锂盐厂购进锂渣销售并负责运输给新工建材公司及奎屯分公司,然后向其提供涂改后的货物运输发票。

【教学建议】

账证与会计核算实训提供的账证没有大的区别,但是包含的问题有深有浅、有大有小,能查出多少问题就要看学生的专业能力了。用这些显现或隐含的有问题的资料,引发学生对这些问题的注意,培养学生独立思考、强化审核和监督的意识,以解决目前模拟实验重核算、轻审核、轻监督的问题。

目标三:综合运用财务会计知识的能力

【教学目的要求】

要求学生自行获取一家企业的年度或中期的财务会计报告或其他形式的财务会计报告,对其进行阅读、分析,获取企业基本情况以及财务状况、经营业绩、营运能力、发展能力等方面的信息并做出初步的分析评价,提高学生综合运用财务会计知识的能力。

【教学内容】

案例教学部分

某经销电器部件产品经销商的年度财务报表。该企业的主要供应商均对该企业以信用销售方式结算,结算期限大部分为月结,信用额度不等,最大的供应商给予该企业 5000 千元/月的赊销额度,该企业从所有供应商处获得的赊销额度合计为 74400 千元/年,该企业给予主要客户的信用条件也大部分为 30 天账期,总赊销额度为 5000 千元/年。该企业所代理的最大的供应商的产品收入占其总收入比重的约 70%。

【资产负债表】　　　　　　　　（单位:千元）

时间	2002 年 12 月 31 日	2001 年 12 月 31 日
货币资金	5751	3756
存货	6724	5461
应收帐款净额	7638	3833
其他流动资产	1746	2763
流动资产合计	21859	15813
长期投资	0	0
固定资产原值	4382	2659
固定资产净值	3264	1168
无形资产及递延资产	0	0

续表

时间	2002 年 12 月 31 日	2001 年 12 月 31 日
其他资产	3465	53
资产合计	28588	17034
短期借款	0	0
应付帐款	19567	6190
其他流动负债	6003	7434
流动负债合计	25570	13624
长期借款	0	0
其他长期负债	0	0
长期负债合计	0	0
少数股东权益	0	0
实收资本	2500	2500
资本公积和盈余公积	0	613
未分配利润	518	297
所有者权益	3018	3410
负债及所有者权益合计	28588	17034

【利润表】 （单位：千元）

时间	2002 年	2001 年
主营业务收入	85291	63875
销售成本	79724	60571
销售毛利	5567	3304
销售费用	2124	1946
管理费用	3508	3381
财务费用	−107	−38
期间费用	5525	5288
主营业务利润	42	−1984

时间	2002 年	2001 年
其他业务利润	251	624
营业利润	293	−1361
营业外收入	0	0
营业外支出	21	0
其他收入（支出）	0	0
利润总额	272	−1361
所得税	42	0
净利润	230	−1361

比率	2001 年	2002 年
流动比率	116.07%	85.49%
速动比率	75.98%	59.19%
资产负债率	79.98%	89.44%
存货周转次数	11.09	11.86
存货周转天数	32.91	30.77
应收帐款周转次数	16.66	11.17
应收帐款平均周转天数	21.91	32.68
应付帐款平均周转天数	37	88
流动资产周转次数	4.09	3.9
总资产周转次数	3.75	3.33
资产回报率	−7.99%	1.15%
净资产收益率	−48.68%	7.62%
税前利润率	−2.13%	0.32%

（一）偿债能力分析

从该公司 2002 年末及 2001 年末资产负债率情况看,该公司资产负债率非常高,流动比率及速动比率较低。通过此比率看,该公司偿债能力非常弱。不过,分析其主要科目,在资产中主要为流动资产,流动资产占其总资产的比率 2002 年末为 76.46%,2001 年末为 92.83%,说明该公司资产的变现能力很强。而在流动资产中变现能力非常强的应收账款及货币资金占 50％以上。对于从事代理的企业,其存货主要为代理的商品,故,此类企业的存货相对于供应商来说,其变现的能力相对较强。在该公司的负债中,主要为流动负债,而在流动负债中,应付账款所占数额非常巨大,2002 年末占总资产的 68％,2001 年末占总资产的 36％。

综合以上几个科目分析,该公司资产负债率高的主要原因为其应付账款非常高,可以说明,该公司的供应商给予该公司较高的信用支持,相对而言,供应商尤其是占有较大份额的供应商的风险非常大。但从其流动资产中的应收账款、货币资金及存货值分析,该公司此三项的金额与应付账款基本持平并略高,在该公司不发生特殊性变动情况下,其对供应商的支付能力应无问题。

因此,对于此类企业,供应商必须密切关注其异常变化情况。

根据该公司供应商 2002 年度给予其的信用条件,该公司的应付账款应保持在 7000～8000 千元之间,但该公司 2002 年度应付账款远远超出此信用额度。

分析其主要原因可能有:

1. 拖欠供应商账款

2. 会计报表编制时有特殊账目发生

经了解,此企业在年末时,为某关联企业代购约 11000 千元的货物,关联企业已结算了部分账款,但该公司尚未与该笔产品的供应商结算,造成应付账款增加较大,同时也是该公司 2002 年末总资产、流动资产、总负债增加较多的主要原因。

如果没有此类事项发生,说明该公司已非常严重的拖欠了供应商的账款,从其流动资产中主要科目分析,非是偿付力问题,而可能是恶性拖欠,在此种情况下,供应商必须调整对该经销商的信用政策,尽早规避风险。

（二）营运能力分析

该公司的周转能力非常强,各项指标均保持较高水平。

从该公司应收账款周转天数、存货周转天数分析,该公司与其客户的结算方式与财务指标基本相符。

（三）获利能力分析

该公司账面上体现出其利润率水平相当低，2001年度甚至出现亏损。根据其毛利率分析，该公司毛利率平均在5％以下，毛利非常低。对于该公司而言，抵消其毛利的主要为管理费用和销售费用。此项指标可以根据目标企业人员及销售网络分析。该公司有36人，其中中层以上管理人员8人，财务人员5人，后勤及仓储人员5人，技术人员为3人，其余为销售人员。该公司在上海和广州设有分公司。通过此项分析，该公司的销售费用及管理费用金额基本正常。

因此，可以判断此财务报表与该公司实际运作情况基本相符，该公司获利能力差。

（四）供应商信用条件与该公司实现主营业务收入及应收账款持有规模比较分析

该公司2002年末较2001年末应收账款增长率达到100％，而2002年度主营业务收入较2001年度增长仅为33％，按一般理解，在对主要客户信用政策不变的前提下，该公司主营业务收入规模的变动与应收账款规模的变动应差别不大。

造成以上情况出现的主要原因可能有：

A：2002年度，该公司对其主要客户的信用政策放宽，即增加了对其主要客户的放账期限和金额。

B：2002年度，可能新增加了一些新的信用客户（说明：此类客户与该公司一直有业务往来，原一直采用现款现货结算方式，无信用条件。在2002年对部分客户采用了信用销售。故其主营业务收入增长处于正常速度，但应收账款增长较多）。

C：其他特殊事项

如：关联企业间的交易，结算期限的不确定性和不稳定性；给予优质客户的特殊优惠；大单出货；不良客户的拖欠等。

根据了解,该公司 2001 年至今,对主要客户均采用月结的方式,信用额度没有太大变化,同时,也未新增较多的信用客户。

该公司在 2002 年底有一笔代理业务尚有部分账款未结算,同时,2002 年末,该公司某主要客户中标了一个较大的工程项目,对其主要产品有较大量的单笔采购,这两项是造成该公司 2002 年末应收账款大幅度增长的主要原因。

财务总体评价及建议:

通过以上主要财务科目及财务比率分析,该公司的财务安全性很差,尽管在 2002 年末有特殊事项发生,但除去此项因素后,其偿债能力仍然较差。该经销商主要通过占用供应商的资金进行正常业务周转,自有资金积累缓慢。

根据其两年度的财务指标计算,同时考虑该公司在行业内的销售实力,该公司全年获得的信用额度最高应不超过 5000 千元对于供应商来讲是较为安全的。而目前,该公司仅一家供应商就提供给该公司 6000 千元/年的信用额度。供应商之所以给予该公司如此优惠的信用政策,主要原因是该公司的销售能力非常之强,供应商能够通过该公司实现某一区域的产品渗透,提高本企业产品的市场占有率和知名度。在此优先性特征更重于应收账款风险因素时,供应商应密切注意该经销商的结算时间,一旦发生不能够按期支付时,必须调整对该经销商的信用政策,减少出货或停止出货,在货款全部结清后再行发货。

【教学建议】

选择一至两家企业的年度财务会计报告作为案例进行评价分析,就如何获取企业基本情况、财务状况、经营业绩、营运能力、发展能力等方面的信息以及如何进行分析评价等进行讨论。

三、考核办法

会计综合实训课程素质考核办法分为小组评价和综合评价两环节。

1. 自我评价

按规定的考核目标,对照自己的行为给自己打分。

2. 小组评价

由组长根据考核目标,对组员进行打分。

3. 综合评价

综合评价分老师评价和小组评价和自我评价三部分,比例为3:1:1。
教师评价由评价教师按评价目标打分,然后按比例综合。

4. 考核等级

考核等级分优、良、及格和不及格四等。

优:90分及以上;良:75~89;及格:60~74;不及格:60以下。

附:考核表

班级		姓名			
项目	考核内容	分值	自我评分	小组评分	教师评分
体验会计工作,陶冶职业道德	账务处理实训	40			
	报表编制实训				
	会计职业道德教育				
强化审核和监督的意识	错账查找方法	40			
	案例分析				
综合运用财务会计知识的能力	对会计报告进行阅读、分析,获取企业基本情况	20			
	财务状况、经营业绩、营运能力、发展能力等方面的信息并做出初步的分析评价				
	总分	100			
	自我评价占20%				
	小组评价占20%				
	教师评价占60%				
综合评价	(优、良、及格、不及格)				

第十节 《会计电算化》课程职业素质培养方案

一、培养目标

按照会计专业诚信、敬业、严谨、细致素质培养的总体目标,将本课程的职业素质细分为以下四方面:

1. 专业知识的综合运用,如需要综合运用《基础会计》中的会计等式、复式记账、会计分录、错账更正、会计流程等,《财务会计》中的具体核算、会计报表编制,《成本会计》中的成本计算,《统计知识》中数据统计等专业知识。

2. 专业心理素质,如耐心、细心,操作的熟练性,发现问题的敏感性,对数字的反应能力等。

3. 程序意识和安全意识,如会计流程和电算化操作流程,各子系统的操作流程,操作熟练,发现操作上的问题判断较准确。爱护公物、及时维护系统、系统安全,企业信息的保密。

4. 创新意识与创新能力,如利用电算化系统信息进行汇总、计算、分析并编写报告,利用会计电算化信息及网络技术进行企业的有效管理。

二、培养内容及方法

1. 专业知识的综合运用

期初余额录入、制单、凭证审核、记账、转账定义、对账、结账、报表公式录入等培养学生综合运用《基础会计》中的会计等式、复式记账、会计分录、错账更正、会计流程等,转账定义、报表公式录入等时运用《财务会计》中的具体核算、会计报表编制,《成本会计》中的成本计算,《统计知识》中数据统计等专业知识。

教学方法：讲授、个别指导。

2. 专业心理素质

操作权限设置、会计科目设置、凭证设置、期初余额录入、制单、凭证审核、转账定义、结账、报表公式录入、报表数据生成等培养学生耐心、细心及操作的熟练性，发现问题的敏感性，期初余额录入、制单、凭证审核等培养学生对数字的反应能力等。

教学方法：讲授、个别指导。

3. 程序意识和安全意识

账务处理系统、报表处理系统操作让学生具体会计流程、电算化操作流程及各子系统的操作流程的程序化意识，培养学生操作上的熟练性，能及时发现操作上的问题。在上机操作、系统信息管理操作等过程中让学生养成爱护公物、及时维护系统的习惯，在财务分工、密码设置、更换操作员等让学生树立系统安全及企业信息保密的意识。

教学方法：讲授、个别指导。

4. 创新意识与创新能力

在提高学生对会计电算化认识及操作熟练性基础上，通过平时教学和练习，让学生了解会计人员如何利用电算化系统信息进行汇总、计算、分析并编写报告，有条件可通过了解更先进的财务软件，让学生知道如何利用会计电算化信息及网络技术进行企业的有效管理。

教学方法：讲授、个别指导，有条件可参观或观摩。

三、考核办法

会计电算化课程素质考核办法分为自我评价和综合评价两环节。

1. 自我评价

按规定的考核目标，对照自己的行为给自己打分。

2. 综合评价

综合评价分老师评价和自我评价两部分，权数为 4：1。

教师评价由评价教师按评价目标打分,然后按权数综合。

3. 考核等级

考核等级分优、良、及格和不及格四等。

优:90 分及以上;良:75～89;及格:60～74;不及格:60 以下。

附:考核表

班级		姓名		
项目	考核内容	分值	自我评分	教师评分
知识综合运用	《基础会计》知识综合运用:如会计等式、复式记账、会计分录、错账更正、会计流程等	30		
	《财务会计》知识综合运用:如具体核算、会计报表编制等			
	《成本会计》知识综合运用:如成本分类、成本计算、成本结转等			
	《统计基础》知识综合运用:如统计方法、计算公式等			
专业心理素质	耐心:如操作不急躁,学习不怕厌烦等	30		
	细心:如操作较仔细、易发现出错等			
	操作熟练性:如知识运用较熟悉、操作较快较稳妥等			
	数字敏锐性:如余额录入、制单、审核、查账时对数字较敏感,对数字出错反应较快等			
程序及安全意识	按程序操作:如程序意识、操作步骤等	30		
	爱护公物:如爱护电脑及桌椅、注意系统维护、保持清洁等			
	系统安全:如能按规范操作、不随意增删系统等			
	信息保密:如记住密码、离开电脑退出操作窗等			

班级			姓名		
项目	考核内容		分值	自我评分	教师评分
创新意识与创新能力	创新意识:如对操作有自己的想法等 创新能力:如利用会计电算化信息有些办法等		10		
总　　　分			100		
自我评价占20%					——
教师评价占80%				——	
综合评价	(优、良、及格、不及格)			签名:	签名:

第三章

综合职业能力视野下的高职会计
专业学生专业技能培养研究

第一节　综合职业能力视野下的高职会计专业
"2663" 实践教学体系构建研究

摘要：高职教育应注重培养学生的实践能力，实现"零距离"就业，应构建会计专业"2663"实践教学体系，主要包括两个实践教学环境、六种实践教学形式、实践教学贯穿于六个学期、培养三种能力的实践教学体系，使学生在掌握够用的理论知识同时，掌握从基础到综合的实践及相应的岗位技能，是培养高职会计专业应用性与技能型人才的一条有效的途径。

关键词：2663；实践；教学体系；会计专业。

一、二个实践教学环境

1. 校内实训基地

建立以系列实训室为中心校内实训基地，并以此为平台，实现六个主要实践环节实践教学的需要，即会计认知实训→基本技能实训→专项技能实训→岗位技能实训→专业拓展技能实训→综合技能实训（就业技能实训）。在实践组织方式上采取手工和计算机模拟"双轨"并行的方式，分期在六个学期从基础到综合的实训,全面提高学生综合职业能力。

建立会计手工模拟实训中心满足手工课程单项、综合实训及会计认知实训的需要。

建立会计基本技能实训室满足会计书写、汉字录入、小键盘数字录入、点钞、伪钞鉴别、会计制单、纳税申报、珠算、常用办公设备操作等技能的校本考证需要。

建立 ERP 实训室满足 ERP 认证培训、会计电算化培训考证需要。

建立会计电算化实训室满足基础会计、财务会计、税务会计、财务管理、成本会计、外贸会计、审计、会计综合实训、电子报税等课程单项、综合电子实训需要。

建立会计岗位实训室满足财政部规定的出纳员岗位、往来结算核算员岗位、财产物资核算员岗位、资金核算员岗位、成本核算员岗位、财务成果核算员岗位、会计主管岗位等七个岗位实训的需要。

建立财务咨询中心满足代理记账顶岗实训课程需要。

2. 校外实训基地

建设一批以公司、企业、银行、会计师事务所等为元素的校外实训基地,包括 30 家企业左右的松散型实训基地和 2～3 家紧密型实训基地,企业全程参与实习质量监控,通过"企业综合考核、学校制度约束、学生自主管理",形成"企业、学校、学生"共管的顶岗实习模式,有效监控学生顶岗实习全过程。

二、六种实践教学形式

包括认知实践、会计基本技能实训平台、专项技能实训平台、岗位技能实训平台、综合技能实训平台、专业拓展技能实训平台。

1. 认知实践

是指社会实践、社会调研、始业教育等。

2. 会计基本技能实训平台

10 项基本技能:会计书写技能、汉字录入技能、小键盘数字录入技能、点钞技能、伪钞鉴别技能、会计制单技能、纳税申报技能、珠算技能、会计电算化技能、计算器应用技能。

3．专项技能实训平台

10 门课程理实一体实训：基础会计实训、财务会计实训、成本会计实训、税务会计实训、外贸会计实训、财务管理实训、审计实训、财务分析实训、工业企业实训、商品流转实训。

4．岗位技能实训平台

七个岗位实训：出纳员岗位、往来结算核算员岗位、财产物资核算员岗位、资金核算员岗位、成本核算员岗位、财务成果核算员岗位、会计主管岗位。

出纳员岗位：包括原始凭证的填制、审核；记账凭证的填制、审核；日记账的登记、审核；银行存款余额调节表的填制；点钞、验钞等内容。

往来结算核算员岗位：包括应收及预付款业务核算；应付及预收款业务核算；应交税费业务核算；债务重组业务核算等内容。

财产物资核算员岗位：包括存货业务核算；固定资产业务核算；无形资产业务核算；投资性房地产业务核算；非货币性资产交换业务核算等内容。

资金核算员岗位：包括负债筹集业务核算、权益筹集业务核算、金融资产业务核算、长期股权投资业务核算等内容。

成本核算员岗位：包括正确使用品种法、分批法、分步法等成本核算方法等内容。

财务成果核算员岗位：包括收入业务核算；费用业务核算；利润及利润分配业务核算等内容。

会计主管岗位：包括会计稽核；会计报表编制；会计调整等内容。

5．综合技能实训平台

六个综合技能实训：会计综合实训、会计电算化实训、用友 ERP 认证实训、顶岗实习、毕业实习、毕业论文。

6．专业拓展技能实训平台

行业会计理实一体实训：农业企业会计、外贸会计、商品流转核算、金融保险业务核算等。

三农课程理实一体实训：农业企业会计、农村金融等。

三、实践教学贯穿于六个学期

第一学期：基础会计实训、点钞与伪钞鉴别实训。

第二学期：财务会计实训、综合计算技术、技能考证专项训练、假期社会实践。

第三学期：财务会计、财务管理、会计电算化、成本会计、会计书写与制单、农村金融、校本认证实训。

第四学期：企业纳税会计、审计、金融与保险业务、财务分析、助理会计师考证实训。

第五学期：农业企业会计、商品流转核算、外贸会计、会计综合实训、顶岗实习、ERP认证培训。

第六学期：毕业实习、毕业论文。

四、培养三种能力

包括方法能力（学会学习、学会工作）、专业能力（掌握技能、掌握知识）、社会能力（学会共处、学会做人）。

具体体现：考证→职业技能资格证书。

10项基本技能考证、会计从业资格考证、会计电算化考证、珠算考证、外贸职业资格考证、会计员、助理会计师考证、英语、计算机考证等。

第二节　综合职业能力视野下的高职会计专业
校内外 2 个实训基地建设研究

一、校内仿真实训基地建设

建立以系列实训室为中心校内实训基地,并以此为平台,实现六个主要实践环节实践教学的需要,即会计认知实训→基本技能实训→专项技能实训→岗位技能实训→专业拓展技能实训→综合技能实训(就业技能实训)。在实践组织方式上采取手工和计算机模拟"双轨"并行的方式,分期在六个学期从基础到综合的实训,全面提高学生综合职业能力。

建立会计手工模拟实训中心满足手工课程单项、综合实训及会计认知实训的需要。

建立会计基本技能实训室满足会计书写、汉字录入、小键盘数字录入、点钞、伪钞鉴别、会计制单、纳税申报、珠算、常用办公设备操作等技能的校本考证需要。

建立 ERP 实训室满足 ERP 认证培训、会计电算化培训考证需要。

建立会计电算化实训室满足基础会计、财务会计、税务会计、财务管理、成本会计、外贸会计、审计、会计综合实训、电子报税等课程单项、综合电子实训需要。

建立会计岗位实训室满足财政部规定的出纳员岗位、往来结算核算员岗位、财产物资核算员岗位、资金核算员岗位、成本核算员岗位、财务成果核算员岗位、会计主管岗位等七个岗位实训的需要。

建立财务咨询中心满足代理记账顶岗实训课程需要。

序号	名称	对应专业	面积(m²)	建成时间	所在地址
1	财务沙盘实训室		110	2011 年	实训楼 5 楼西侧(在建)
2	会计电算化实训室		110	2011 年	实训楼 5 楼西侧(已建)
3	会计综合模拟实训室	会计	110	2010 年	实训楼 5 楼西侧(已建)
4	会计信息化实训室		110	2011 年	实训楼 5 楼西侧(待建)
5	会计系实训成果展示室		80	2011 年	实训楼 5 楼西侧(待建)
6	现代银行柜员实训中心	投资与理财	220	2011 年	实训楼(待建)
7	金融综合实训室		110	2011 年	实训楼 5 楼西侧(已建)
序号	生产性实践基地	对应专业	面积(m²)	建成时间	所在地址
1	东方农商会计实训基地	会计	110	2011 年	实训楼 1 楼西侧(在建)
2	金融咨询服务中心	投资与理财	沿街	2011 年	实训楼 1 楼西侧(在建)

二、校内生产性实训基地建设——以东方农商会计实训基地为例

为加快培养与用人单位需求、经济转型升级相适应的应用型、创新型人才,促进高校毕业生就业,浙江农业商贸职业学院与浙江绍兴东方税务师事务所决定在浙江农业商贸职业学院共建绍兴东方税务师事务所有限公司大学生实训基地。

1. 合作双方的宗旨与目标

合作双方均以"建实训基地为平台,力促大学生就业"为共同宗旨。力争在三年内将实训基地打造成绍兴市示范性实训基地。

2. 合作原则

优势互补,共同发展。学校在合作中提高教育管理水平,学生提升实操能力和就业能力,企业在合作中提升企业文化和择优吸收优秀技能人才。

3. 合作模式

(1)共建人才实训基地

利用学校实训场地、设施。东方所提供代理记账实务操作中的技术指导,在学校内完成对学生的实务操作能力的培养。

（2）学生利用寒、暑假，可到东方所各基层办事处进行全面实务操作锻炼，东方所根据学生表现及本所实际情况可安排部分学生就业，或介绍到企业就业。

（3）学校根据教学安排，可专题对某一类企业（如出口企业、房地产公司等）或某一种业务（如企业重组、合并等）一系列税务、财务问题进行理论与实践一体化研究、学习、培训。

（4）东方所定期或不定期地组织企业进行专题培训，可邀请学校老师讲课。学校老师、学生也可参与东方所某项目的鉴证类实务操作。

（5）学校利用网络成立学生就业后业务咨询平台，了解学生毕业后工作中碰到的具体问题，由东方所在实务操作方面给予解答，实现就业后良性循环，适应社会需求。

以共建人才实训基地为总体合作模式，其他模式作为辅助、补充。

4．具体实施方案

（1）成立：浙江农业商贸职业学校——绍兴东方税务师事务所实训基地。

下设实训基地协调管理小组，拟双方派人共同参加，主要对日常工作中遇到的各种问题进行沟通、协调。

由绍兴东方税务师事务所日常驻点，宜成立袍江分所，学校提供办公场所 100 平方米左右，东方所提供办公场所宜添置的设备清单及装修方案，场所的装修与设施的配置由浙江农业商贸职业学院完成，实训场所放在机房和多媒体教室，计算机上装载学生实习的相关软件由东方所和财会系共同完成。

东方所拟前期派 3～4 人日常在学校开展工作，基本涵盖一般财务人员（出纳，中小型企业助理会计、主办会计）需要的工作内容。从开具发票到纳税申报等一系列财务、税务处理方式。

在日常实训场地及人员到位之前，可由东方所每月 10 日左右根据学生的人数（每一户企业拟实训 2 人）提供代理记账企业资料到学校教室进行实务指导，循环辅导学生（现阶段可提供 600 左右学生操作）实际处理操作。

（2）学生利用寒、暑假可到东方所各基层办事处进行全面顶岗实施操作，东方所现阶段可一次性安排10人左右实习，部分办事处可解决住宿问题，并可适当支付一定数额的报酬给学生。

（3）合作模式中第3、4、5种方式，可由管理小组根据实际情况具体细化操作。

（4）由绍兴东方税务师事务所有限公司与浙江农业商贸职业学院签订长期合作协议，成立实训基地，并由绍兴东方税务师事务所有限公司出面邀请媒体及相关领导出席实训基地的签约、揭牌仪式。

（5）实现实训基地的良好社会效应，努力将实训基地打造成绍兴市示范性实训基地。

5．合作的运行效应与经费来源

（1）双方合作争取以实现社会效应为主，经济效应为辅。

（2）运行经费可以分以下几点实现：

①由绍兴东方税务师事务所有限公司暂时解决指导老师的工资及相关补贴费用。

②由浙江农业商贸职业学院支付一定的实训经费。辅导费用可按学生人数或按指导教师课酬支付。

③由绍兴东方税务师事务所有限公司以实训基地的名义争取向开发区管委会相关部门取得一定经费。

④禁止向学生以任何名义、以任何方式收取费用。

6．宜建设下列资源

（1）东方农商会计实训基地合作协议书；

（2）东方农商会计实训基地合作方案；

（3）校内会计顶岗实习教学大纲；

（4）东方农商会计实训基地日常管理条例；

（5）东方农商会计实训基地学生实习日志；

（6）东方农商会计实训基地学生选拔条例；

（7）东方农商会计实训基地学生上岗承诺书；

（8）制作学院工作经历证书；

（9）实训场地建设；

（10）实训软件建设等。

三、校外实训基地建设

建设一批以公司、企业、银行、会计师事务所等为元素的校外实训基地，包括30家企业左右的松散型实训基地和2～3家紧密型实训基地，企业全程参与实习质量监控，通过"企业综合考核、学校制度约束、学生自主管理"，形成"企业、学校、学生"共管的顶岗实习模式，有效监控学生顶岗实习全过程。

浙江农业商贸职业学院会计系校外实习基地一览表

序号	专业	基地名称	协议签订时间	备注
1		绍兴县更生家具有限公司	2010年04月	绍兴县平水镇梅园工业区5号
2		绍兴唯尔福妇幼用品有限公司	2010年05月	绍兴袍江工业区南区D21号
3		绍兴供销大厦有限公司	2010年05月	绍兴市解放北路489号
4		绍兴天盛财务咨询服务有限公司	2010年05月	绍兴市前观巷154号（市国税局后面）
5		绍兴市东湖丝绸印花厂有限责任公司	2010年05月	浙江绍兴东湖镇塘下赵村（东湖风景区对面）
6	财经大类各专业	浙江嘉禾房地产开发有限公司	2010年07月	绍兴市会稽路越秀花园
7		绍兴市万通汽车销售服务有限公司	2010年08月	绍兴市城南大道311号
8		浙江中兴会计师事务所有限公司	2010年05月	绍兴城南鉴湖大厦7楼
9		富阳国通保险代理有限公司诸暨营业部	2010年05月	诸暨市艮塔东路7号浣江商务楼
10		绍兴澳美贸易有限公司	2010年07月	绍兴市会稽路越秀花园
11		浙江佰度物流有限公司	2010年10月	绍兴市劳动路288号中兴公寓B－18C
12		绍兴县双诚进出口有限公司	2010年08月	绍兴金柯桥大道1358号国贸大厦409

第三节　综合职业能力视野下的高职会计专业会计基本技能教学研究

摘要：随着中国教育体制的不断发展，社会对财会人才要求的进一步提高，目前摆在所有教学机构面前的普遍矛盾就是如何培养社会需要、适用的会计人才，尤其是职业教育，在理论上不能和本科院校的学生比，所以如何体现职业教育的职业化水平就成为职业教育目前要解决的首要问题。笔者认为职业学校应选定与会计工作岗位密切结合的会计基本技能培养项目，修订专业教学计划，制订各项目教学大纲，确定校内和校外定级的考核方案。

关键词：会计；基本技能；职业化水平；职业技能；考核方案。

过硬的职业化技能始终是职业学校毕业生的发展优势。随着我国入世、经济全球化时代的到来和国际交流的增加，各行各业对高素质的实用型技术人才的需求也日趋旺盛，社会最终会形成一个合理的用人结构，人才高消费必然是短期内的现象。因此，研究职业学校专业课程中强化职业化技能培养问题，为学生开辟一条通向实用型技术人才的捷径，势在必行。

一、现行会计基本技能的现状及存在的问题

1. 会计毕业生在职场上得不到认同

目前，大中专院校的会计毕业生在毕业一年内即能找到专业对口的会计岗位的比例并不高，相当一部分会计毕业生在毕业后三年内都未真正接触过会计工作。并不是他们愿意放弃自己所学的专业，而是因为用人单位聘用后发现这些学生会计基本技能不合格，职业技能欠缺更怀疑他的发展潜力。主要表现为学生在学校装了一脑袋的制度和准则，出了校门却发现支票不会开，不会进行纳税申报，会计文字数字书写不规范，文字录入速度

很慢,数字汇总达不到应有的速度,保险箱等一些常用办公设备不会操作等等。从而导致会计毕业生找不到工作,用人单位又找不到可胜任的会计人才。

2. 重理论、轻职业化技能培养

重理论、轻职业化技能培养的问题,在我国各类院校的会计教学中是普遍存在的。就目前的情况,多数院校只重视会计基础理论、基本原理和基本方法的教学,而忽视会计基本技能这一环节,以至于长期以来形成了教学与学生职业能力培养脱节越来越严重的问题,使会计毕业生在毕业后的一段时间内,对一些会计基础工作不知如何下手,很难适应企事业单位的会计岗位操作的要求。教师只注重"应知"、"应会"内容的教育,把传授会计理论知识放在教学首位,过分强调讲授和作业的重要性,认为学生只要按照老师讲的反复练习,上岗工作就没问题,严重背离职业教育的特点和规律。

3. 职业化技能培养考核制度不完善,学校技能培养力度不够

技能培养的考核可从两方面来进行:一是对教师的考核,对担任技能培养的教师要加强督察与考核。有些学校虽制定了一些培养方案,增加了第七节技能课,但实施的力度不够,许多技能课仅仅是上自习而已,已开展的技能培养也因对教师无任何考核标准而使教师的积极性不高。二是对学生的考核,技能培养后对学生应达到的水平要求不明确,考核制度不完善,因此有些学生在职业技能培养上敷衍了事,降低了培养的质量。

二、现行会计基本技能教学应采取的对策

职业教育应注重学生的就业准备教育,课程应偏重于应用技术,理论联系实际,以培养动手能力强的在一线工作的技术型人才为主。所有的教学工作都应以此为中心来开展,专业方向和课程设置应以职业岗位、职业群或职业领域为选择基础,为后期的《基础会计》仿真实训、《财务会计阶段性实训》、《会计综合实训》、《专业实习》做准备,应是会计基本技能教学的

出发点和归宿。

职业学校应选定与会计工作岗位密切结合的会计基本技能培养项目，修订专业教学计划，制订各项目教学大纲，确定校内和校外定级的考核方案。

1. 确定会计基本技能教学的项目

根据大量的社会调查和实习生座谈会等收集的资料，笔者认为应设立下列会计基本技能教学项目：会计书写技能、文字录入技能、小键盘数字录入技能、点钞技能、伪钞鉴别技能、会计制单技能、珠算技能、传票计算器录入技能、常用办公设备操作技能（包括计算器使用技能、POS 机操作技能、保险柜操作技能、打印机操作技能、扫描仪操作技能、传真机操作技能、自动柜员机操作技能等）、纳税申报技能、财会电算化技能。

2. 确定会计基本技能项目的教学大纲

各项技能教学目标和教学内容如下：

（1）会计书写技能

要求学生熟悉会计数字书写规范化要求的内容，并严格按要求进行书写，一旦发生差错应严格按规定要求进行改错。包括阿拉伯数字书写技能及中文大写数字书写技能。

（2）文字录入技能

使学生掌握五笔字型输入法、智能 ABC 输入法等文字录入方法。掌握这一技能一方面是为学好相关会计核算软件打基础，另一方面也是为了加强学生计算机的操作技能，培养学生的专业素养打基础。

（3）小键盘数字录入技能

要求学生熟练使用小键盘，包括指法、速度、正确率、操作方法等。

（4）点钞技能

要求学生掌握手工点钞的工序与基本要求、钞票的整理与捆扎方法、手持式单指单张点钞法、手持式单指多张点钞法、手持式四指四张点钞法、手按式单指单张点钞法、手按式多指多张点钞法等。

（5）伪钞鉴别技能

让学生掌握正确识别人民币的方法，包括假币的种类、假币的主要特征、真假货币的鉴别方法、第五套人民币的防伪特征、假币的处理等。

（6）会计制单技能

使学生能准确填制各种发票、支票、汇票等单据以及其他常用原始单证，以培养和提高学生实际操作的能力，帮助学生更快适应就业岗位，最终达到实习就业的目的。

（7）珠算技能

通过珠算技能教学，提高学生手、脑、眼的配合能力，使学生能够正确地运用珠算解决财会工作中的日常计算问题。包括指法、加减法、乘法、除法、珠心算技能等。

（8）传票计算器录入技能

要求学生掌握传票计算器的录入方法，包括数字的盲打、心算技术等。

（9）常用办公设备操作技能

要求学生掌握今后工作中可能遇见的各种常见设备的使用技巧和维护知识，可以帮助学生更快地适应新的工作岗位，最终达到实习就业的目的。

（10）纳税申报技能

通过纳税申报技能教学与强化训练，使学生在掌握主要税种应纳税额计算的基础上，熟悉税收优惠政策，并能熟练填制国税、地税纳税申报表。

（11）财会电算化技能

要求学生掌握主要财务软件中账务处理及报表处理的操作，能熟练操作用友软件。包括账套建立、财务分工、财务系统初始化、录入凭证、凭证审核、记账、结账、查账、报表制作、数据生成、报表保存等。

3. 确定会计基本技能项目的考核方案

各项技能教学考核方案如下：

（1）会计书写技能

第一学期结束，对学生的书写技能按规范化要求进行考核，考核标准分 ABC 三个等级。

A 级（90 分及以上）：要求书写整洁、美观，在斜度、高度及运笔顺序等方面均按规范化要求严格书写。

B 级（75～89 分）：要求书写整洁、清楚，并在斜度、高度及运笔顺序等方面均接近规范化要求。

C 级（60～74 分）：在斜度、高度等方面跟规范化要求均存在一定差距，达不到以上 A、B 等级均为 C 级。

（2）文字录入技能

汉字录入考核时间安排在第二学期期末考试前一周，不及格者可以当场补考一次，成绩不理想者也可以再测试一次，取较好的那次作为最终的考核成绩。

等级	A	B	C
字数（个）	250 以上	150－250	100－150

具体要求：①时间：5 分钟；②资料：给出一段 500 字左右的文字材料；③要求：学生在规定的时间内选用适合自己的输入方法录入电脑，字体统一为小四号宋体。

（3）小键盘数字录入技能

小键盘的考核时间安排在第三学期期末考试前一周，不及格者可以当场补考一次，成绩不理想者也可以再测试一次，取较好的那次作为最终的考核成绩。

考核将使用数字小键盘指法练习软件，具体测试设置如下：

①选项设置：全部数字不带小数点。②测试速度：击键速度。③其他属性：测试时间为 1 分钟；显示出错信息的延迟时间为 100 毫秒。④评定要求：正确率和击键速度两项同时符合标准才能定级，如有一项不符合标准，作降一级处理。

等级	A	B	C
正确率	90%～100%	80%～90%	65%～80%
击键速度	100 以上/分	80～100/分	75～80/分

（4）点钞技能

建议该课程安排在第二学期，学完该课程后就进行考试，考试不合格的可以当场补考一次，考试不理想者需提出申请可以补考一次，取成绩较好的一次作为最终的考试成绩。

等级	A	B	C
数量（张）	700 以上	500－700	400－500

具体要求：①时间：5 分钟。②形式：采用手持式单指单张整点法等。③要求：完成拆把、点数、扎把三道工序；票币不齐，露头部分超过 5 毫米每刀减去 5 张；扎把不紧，腰条自然脱落、尾部未掖进去或轻轻抖动而散把每刀减去 10 张。④资料准备：10 刀点钞纸、若干捆钞纸和沾水缸。

（5）伪钞鉴别技能

建议该课程安排在第三学期，学完该课程后就进行考试，考试不合格的可以当场补考一次，考试不理想者经申请可以补考一次，取成绩较好的一次作为最终的考试成绩。

通过笔试形式考核，考核内容包括人民币的基本常识和假币的鉴别和处理，题型包括填空、选择、判断、简答。

等级	A	B	C
分数（百分制）	90 以上	70－90	60－70

（6）会计制单技能

①考核形式：会计制单等级考核实行全校统一考试形式。凡财会专业学生必须参加学校组织的会计制单考试，并取得合格以上等级，才能予以毕业。

②考试时间:会计制单统一考核时间为第三学期期末,即学习完《基础会计实训》及《财务会计实训》两门实训课程之后进行。若第一次考核不合格者可以参加第四学期期末组织的考试,即学习完《会计实训》课程之后再进行考核。如对第一次考试成绩不满意者也可以参加第二次考试。

③考核等级:会计制单考核成绩实行百分制,根据成绩划分等级。

成绩评定标准如下:

①制单总分100分。内容由两部分组成,其中银行结算单据考核占50%,常用原始凭证填制占50%。考核形式均为实务操作题,即根据题目提示及要求,填制相应单据。

②每张原始凭证的各项目填写准确无误,得满分。其中:收款人、付款人、账号、开户银行、出票日期、大小写金额、摘要、货物及劳务名称、计量单位、数量、单价等项目各1分,错填、漏填均不得分。其中大小写金额写错扣5分。

③累计个人完成的所有原始凭证的得分,为个人最终成绩。

A级:91~100分;

B级:76~90分;

C级:61~75分。

(7)珠算技能

第二、三、四学期期末各考核一次。所有同学毕业前应取得普通5级证书。采用全国珠算技术等级普通6~4级,3~1级试卷。辅导时间放在下午第三节课进行。

(8)传票计算器录入技能

定级采取限时不限量的方法,只要符合要求,每题计10分。

①不用盲打法,每题扣2分。②答数必须书写清楚,凡字迹过于潦草,评分人员确实无法辨认的,作错题论:一题有两个答数的作错题论。③更改答数必须划线更正,即将原答数用单线全部划去,重新写上新的答案。凡不按规定更正,任意涂改数字的作错题论。④小数点漏点或点错位置的作错题论。⑤凡跳题者,每跳一题倒扣一题分数。

（9）常用办公设备操作技能

该课程将按照各种设备的特性及常用功能的使用进行考核。

等级	A 级	B 级	C 级	D 级
标准	熟练掌握基本功能，速度快，无差错。	基本功能熟练掌握，速度较快，基本无错误。	基本功能会使用，但速度慢有一定错误。	基本功能不会使用，错误较多。

（10）纳税申报技能

与《税收基础》课程结合，在课程最后二周安排课堂时间进行考核，不再单独增加培训时间。如第一次考试不合格或对第一次考试成绩不满意者也可以参加下学期组织的第二次考试。

C 级：能填制《增值税纳税申报表（适用于小规模纳税人）》、《地方税（费）综合纳税申报表》、《企业所得税纳税申报表（适用核定征收企业）》、《扣缴个人所得税报告表》。

B 级：在 C 级基础上，能填制《增值税纳税申报表（适用于一般纳税人）》及其附表、《消费税纳税申报表》、《个人独资企业和合伙企业投资者个人所得税申报表》。

A 级：在 B 级基础上，能填制《企业所得税预缴纳税申报表》、《企业所得税年度纳税申报表》。

（11）财会电算化技能

与《会计电算化》课程结合，不再单独增加培训时间。电算化技能分三个等级：A 熟练；B 一般；C 及格。

C 及格：通过浙江省会计电算化初级上岗资格考试

B 一般：通过校内电算化上机操作 B 级考试

A 熟练：通过校内电算化上机操作 A 级考试

小结：根据现有学生素质和就业市场的新变化，重点培养学生的职业技能，以满足学生就业需要，使学生在掌握必需的文化知识和专业知识的同时,具有熟练的职业技能和适应职业变化的能力。职业技能培养应结合专业教学计划、教学大纲、考核方案,以市场为导向,突出实用技能的培养。在大面积提高学生职业化水平的基础上,培养了一批技能尖子生,逐步实现了技能培养的科学化、制度化、规范化,提高学生的市场应变能力,这将对职业学校的发展起到的积极作用。

参考文献:

(1)周杨.面向21世纪会计教育发展的对策.会计之友,2000(10).

(2)吴健.面对 WTO 会计教育质量如何提高.中国财经报,2000.9(21).

(3)戚素文.会计基本技能.科学出版社,2005.

(4)孙明德,卢云峰.会计基本技能.高等教育出版社,2005.

第四节　综合职业能力视野下的高职会计专业10项会计基本技能实训及鉴定教学大纲研究

财会专业《会计书写技能》教学大纲研究

一、教学目标

数字的书写是财经工作者的一项基本功。对会计人员尤为重要。财经工作常用的数字有二种:一种是阿拉伯数字,一种是中文大写数字。会计书写技能教育要求学生熟悉会计数字书写规范化要求的内容,并严格要求进行书写,一旦发生差错应严格按规定要求进行改错。

二、教学内容

1. 会计书写技能包括阿拉伯数字书写技能及中文大写数字书写技能。

2. 会计书写规范化要求。如数字的书写要有一定的斜度（60度左右），书写不能超过整格的二分之一等等。

3. 改错的方法。

4. 要求学生反复练习，数字书写练习，看似简单，实则不易，练习小写数码时，应对照标准仔细观察各数码的高度，斜度和运笔顺序，放慢速度认真书写，万勿求快。

会计数字书写课堂教育安排三课时，其余要求学生每周书写五页训练纸，连续书写十六周。

三、教学时间

与《会计基本技能》课程结合，不再单独增加培训时间。

四、考核标准

第一学期结束，对学生的书写技能按规范化要求进行考核，考核标准分 ABC 三个等级。

A 级：要求书写整洁、美观，在斜度、高度及运笔顺序等方面均按规范化要求严格书写。

B 级：要求书写整洁、清楚，并在斜度、高度及运笔顺序等方面均接近规范化要求。

C 级：在斜度、高度等方面跟规范化要求均存在一定差距，达不到以上 A、B 等级均为 C 级。

备注：

会计书写技能第一、第二学期各定级一次；需要再次测试者应事先向专业教研室申请，办理相关手续后进行；再次测试应收取少量费用。

财会专业《汉字与小键数字录入技能》教学大纲研究

一、课程教学目标

《文字录入》是财会专业的一门重要的技能课。掌握这门课程一方面是为了学好相关会计核算软件打基础，另一方面也是为了提高学生的实践操作技能，培养学生的专业素养打基础。

二、课程教学内容

（一）汉字输入方法的概述

【教学要求】

让学生掌握键盘的使用和键盘的指法基本要求

【教学内容】

1. 汉字输入方法简介：(1)键盘输入(2)非键盘输入。

2. 键盘的使用与指法训练：(1)键盘简介(2)键盘操作的正确姿势(3)键盘指法。

【教学重点】

键盘操作的正确姿势和键盘指法

【教学难点】

熟练掌握键盘指法

【教学建议】

可以采用金山打字通、CAI、TT 指法软件有效地帮助学生进行指法录入训练。

（二）五笔字型输入法

【教学要求】

让学生熟练掌握五笔字型的输入方法

【教学内容】

1. 五笔字型与字根

2. 五笔字型输入法编码规则

3. 简码的输入

4. 词汇的输入

5. 万能键与容错码

【教学重点】

识记五笔字型字根和五笔字型输入法编码规则

【教学难点】

熟练掌握五笔字型的输入

【教学建议】

要求学生课后背熟字根,掌握训练要领并加强巩固练习

（三）智能 ABC 输入法

【教学要求】

让学生熟练掌握智能 ABC 的输入方法

【教学内容】

1. 智能 ABC 输入法介绍

2. 拼音输入法的基本规则

3. 全拼输入

4. 简拼输入

5. 混拼输入

6. 双打输入

7. 输入技巧

8. 中文标点和英文的输入

【教学重点】

拼音输入法的基本规则和输入的技巧

【教学难点】

熟练掌握智能 ABC 的输入

【教学建议】

要求学生课后加强巩固练习

（四）小键盘的运用

【教学要求】

让学生熟练掌握小键盘的使用

【教学内容】

1. 小键盘介绍

2. 数字小键盘的基本指法

【教学重点】

小键盘的指法要求

【教学难点】

熟练使用小键盘

【教学建议】

可使用数字小键盘指法练习软件并要求学生课后加强巩固和练习

（五）文字录入测试

【考核标准】

1. 汉字录入的考核标准

等级	A	B	C
字数（个）	250 以上	150—250	100—150

具体要求：

（1）时间：5 分钟。

（2）准备资料：给出一段 500 字左右的文字材料。

（3）要求：学生在规定的时间内选用适合自己的输入方法录入电脑，字体统一为小四号宋体。

2. 小键盘录入的考核标准

考核将使用数字小键盘指法练习软件，具体测试设置如下：

（1）选项设置：全部数字不带小数点。

（2）测试速度：击键速度。

（3）其他属性：测试时间为 1 分钟；显示出错信息的延迟时间为 100 毫秒。

（4）评定要求：正确率和击键速度两项同时符合标准才能定级，如有一项不符合标准，作降一级处理。

等级	A	B	C
正确率	90%～100%	80%～90%	65%～80%
击键速度	100 以上/分	80～100/分	75～80/分

三、考核时间安排

汉字录入和小键盘的考核时间安排在第三学期期末考试前一周，不及格者可以当场补考一次，成绩不理想者也可以再测试一次，取较好的那次作为最终的考核成绩。

四、课时分配

序号	教 学 内 容	每周1节		
		小计	讲授	备注
1	小键盘的运用	2	2	讲授过程中穿插练习
2	小键盘的测试	1	1	
3	合　计	3	3	

备注:汉字录入课时安排在《计算机基础》教学过程中,这里不再作具体安排。小键盘的教学时间
　　　安排在第三学期下午第三节课。

五、教材及参考书

1. 会计电算化培训教材.中国财政经济出版社.浙江省财政厅.

2. 计算机综合操作标准教程.西北工业大学音像电子出版社.王璞.

3. 新手互动学五笔字型.机械工业出版社.文杰书院.

4. 五笔字型及 word 排版基础与提高.电子工业出版社.本书编委会.

5. 会计基本技能.科学出版社.戚素文.

6. 财会专业《点钞与伪钞鉴别技能》教学大纲研究

一、课程教学目标

《点钞技能》是财经、商贸类学生应该掌握的一项基本技能。学习本课程,一方面是为了提高学生的实践操作技能,培养学生的学习兴趣和专业素养,体现教育服务于社会、服务于企业需要的理念。另一方面是为学生参加学校技能运动会的比赛,以及参加市级、省级比赛创造条件。

二、课程教学内容

(一)手工点钞的工序与基本要求

【教学要求】

让学生掌握点钞的基本要领和基本环节

【教学内容】

1. 手工点钞的工序:(1)拆把;(2)点数;(3)扎把;(4)盖章

2. 点钞的基本要求:(1)坐姿端正;(2)放置适当;(3)扇面均匀;(4)动作连贯;(5)点数准确;(6)清理整齐;(7)扎把牢固;(8)盖章清晰

【教学重点】

手工点钞的工序

【教学难点】

点钞的基本要求

【教学建议】

比较简单,要求学生默记点钞的基本要求

(二)钞票的整理与捆扎方法

【教学要求】

让学生掌握钞票的整理与捆扎方法

【教学内容】

1. 钞票的整理:

2. 钞票的捆扎方法:(1)缠绕捆扎法;(2)拧扎法

【教学重点】

钞票捆扎的方法

【教学难点】

捆扎的基本要领

【教学建议】

做好标准的示范动作,课后要求学生练习钞票的捆扎

(三)手持式单指单张点钞法

【教学要求】

让学生掌握手持式单指单张的点钞要领

【教学内容】

手持式单指单张点钞法的概念、适用范围、优缺点、具体操作环节

【教学重点】

点钞过程中的动作要领

【教学难点】

熟练掌握记数方法,加快点钞速度

【教学建议】

该方法最为重要,一定要做好示范动作,个别纠正学生的错误动作,课后要求学生加强练习

（四）手持式单指多张点钞法

【教学要求】

让学生掌握手持式单指多张的点钞要领

【教学内容】

手持式单指多张点钞法的概念、适用范围、优缺点、具体操作环节

【教学重点】

点钞过程中的动作要领

【教学难点】

熟练掌握方法,加快点钞速度

【教学建议】

该方法比较简单,可让学生两人一组互帮互助进行学习,课后要求学生加强练习

（五）手持式四指四张点钞法

【教学要求】

让学生掌握手持式四指四张的点钞要领

【教学内容】

手持式四指四张点钞法的概念及其优点,具体的操作环节

【教学重点】

点钞过程中的动作要领

【教学难点】

熟练掌握方法,加快点钞速度

【教学建议】

该方法的难度较大,一定要进行强化训练,可通过小比赛激发学生的练习兴趣

(六)手按式单指单张点钞法

【教学要求】

让学生掌握手按式单指单张点钞的要领

【教学内容】

手按式单指单张点钞法的概念,适用范围,优点,具体的操作环节

【教学重点】

点钞过程中的动作要领

【教学难点】

熟练掌握方法,加快点钞速度

【教学建议】

这种方法较常用,也容易掌握,要求学生课后加强练习

(七)手按式多指多张点钞法

【教学要求】

让学生掌握手按式多指多张点钞的要领

【教学内容】

1. 手按式双指双张点钞法的概念及其动作的要领。

2. 手按式三指三张点钞法的概念,适用范围,优缺点及其具体的操作环节。

3. 手按式单指推动点钞法的概念,适用范围,优缺点及其操作方法。

【教学重点】

三种点钞方法的动作要领

【教学难点】

熟练掌握方法,加快点钞速度

【教学建议】

要求学生明确不同点钞法的优缺点,可通过课堂小测试来强化学生的点钞速度

（八）人民币真伪鉴别技术

【教学要求】

让学生掌握正确识别人民币的方法

【教学内容】

1. 人民币常识:(1)纸币防伪技术(2)硬币防伪技术

2. 假币的鉴别和处理:(1)种类(2)假人民币的主要特征(3)真假货币的鉴别方法(4)第五套人民币的防伪特征(5)假币的处理

【教学重点】

假人民币的主要特征

【教学难点】

真假货币的鉴别方法

【教学建议】

要求学生在生活中留意假币,知道发现假币之后应该怎么处理

（九）点钞测试

【考核标准】

1. 手工点钞技能测试

等级	A	B	C
数量（张）	700 以上	500－700	400－500

具体要求:

(1)时间:5 分钟

(2)形式:采用手持式单指单张整点法

（3）要求：完成拆把、点数、扎把三道工序；票币不齐，露头部分超过 5 毫米每刀减去 5 张；扎把不紧，腰条自然脱落、尾部未掖进去或轻轻抖动而散把每刀减去 10 张。

（4）资料准备：10 刀点钞纸、若干捆钞纸和沾水缸。

2. 真假人民币鉴别测试：通过笔试形式考核，考核内容包括人民币的基本常识和假币的鉴别和处理，题型包括填空、选择、判断、简答。

等级	A	B	C
分数（百分制）	90 以上	70—90	60—70

三、时间安排

建议该课程安排在第三学期，学完该课程后就进行考试，考试不合格的可以当场补考一次，考试不理想者也可以再考一次，取成绩较好的一次作为最终的考试成绩。

四、课时分配

序号	教学内容	每周1节		
		小计	讲授	备注
1	手工点钞的工序与基本要求	1	1	
2	钞票的整理与捆扎方法	1	1	
3	手持式单指单张点钞法	2	2	
4	手持式单指多张点钞法	1	1	根据实际教学情况
5	手持式四指四张点钞法	2	2	把课堂练习或测试
6	手按式单指单张点钞法	2	2	穿插在讲授过程
7	手按式多指多张点钞法	4	4	当中。
8	真假人民币的鉴别	1	1	
9	点钞测试	1	1	
10	合　计	15	15	

五、教材及参考书

1.《会计基本技能》.高等教育出版社.孙明德,卢云峰.

财会专业《珠算技能》教学大纲研究

一、课程教学目标

通过珠算技能教学,提高学生手、脑、眼的配合能力,使学生能够正确地运用珠算解决财会工作中的日常计算问题。

二、课程教学内容

（一）指法

【教学要求】

了解算盘的构造和珠算的记数与看数,掌握正确的坐姿和握笔方法,熟练掌握三指拨珠法。

【教学内容】

算盘的结构、记数与看数,珠算拨珠法。

【教学建议】

加强三指指法的练习,使手指能熟练分工、联动。

（二）加减法

【教学要求】

掌握凑数、补数加减法。熟悉几种常用的简捷计算方法。熟练运用"一目一行"法进行传票、账表等应用问题的计算。

【教学内容】

凑数、补数加减法,简捷加减法(穿梭法,补数法或凑整法),传票运算法,账表运算法。

（三）乘法

【教学要求】

熟记"大九九"口诀。掌握乘法的定位。熟练掌握空盘前乘法。

【教学内容】

"大九九"口诀,定位法,空盘前乘法。

【教学建议】

加强快速定位、抄盘写数的训练。强调课后练习。

（四）除法

【教学要求】

掌握除法定位,熟练掌握商除法。

【教学内容】

除法定位,商除法

【教学建议】

加强估商、补商、退商的训练。可逐步进行单项测定和普通级鉴定。

三、考核标准

（一）所有同学毕业前应取得普通 5 级证书。采用全国珠算技术等级普通 6～4 级,3～1 级试卷。

（二）考核时间

第二、三、四学期期末各考核一次。

四、课时分配

序数	教学内容	课时小计	讲授	练习
1	指法	2	1	1
2	加减法	5	2	3
3	乘法	4	1	3
4	除法	4	1	3

备注:辅导时间放在下午第三节课进行。

五、教材及参考书

本课程教材采用国家规划中职教材《会计基本技能》，孙明德、卢云峰主编，高等教育出版社。

财会专业《常用办公设备操作技能》教学大纲研究

一、课程教学目标

随着社会经济的日益高速发展，经济业务不断地更新和复杂，社会对财会学生各种专业素质的要求也越来越高，《日常办公设备使用指南》就是为了适应社会对财会人才新的要求而编撰的，通过本门课程的学习可以让学生掌握今后在工作生活中可能遇见的各种常见设备的使用技巧和维护知识，可以帮助学生更快地适应新的工作岗位，更大程度的发挥本人在单位的作用，最终达到实习就业的目的。

为了达到教学目标，让学生能更快速地掌握各种设备的使用技能，该课程将按照各种设备的特性及常用功能的使用进行考核。

二、课程教学内容

（一）计算器使用技能

【教学要求】

让学生掌握各种常用计算器的常规计算方法，能解决金融、统计、财务、数学等计算技巧。

【教学内容】

一、介绍计算器的发展历史。

二、介绍目前市场知名计算器的品牌、价格并进行性价比较。

三、介绍一两种常用计算器的各种使用功能

四、练习使用各种计算器。

【教学重点】

金融、统计、财会、高等数学等公式功能的使用。

【教学难点】

金融、统计、财会、高等数学等公式功能的使用。

【教学建议及场地要求】

选定性价比较高的一种计算器让学生统一购买,可在教室进行本门课程的学习。

【考核标准】

等级	A 级	B 级	C 级	D 级
标准	熟练掌握基本功能,速度快,无差错。	基本功能熟练掌握,速度较快,基本无错误。	基本功能会使用,但速度慢有一定错误。	基本功能不会使用,错误较多。

【课时分配】

序号	教学内容	小计	讲授	练习或测试
1	发展历史及性价比分析	1	1	0
2	金融、统计公式的讲解	1	1	1
3	高等数学基本公式的讲解			
4	熟练巩固	1	0	1
5	考核测试	1	0	1
	合 计	5	2	3

（二）POS 机操作技能

【教学要求】

让学生掌握各种 POS 机的使用技能。

【教学内容】

一、POS 机的发展历程及现状。

二、目前市场常用的 POS 机品牌,进行性价比分析,预测今后 POS 机发展方向。

三、介绍几种知名 POS 机的使用技巧。

【教学重点】

POS 机各种功能的使用。

【教学难点】

POS 机的使用技巧。

【教学建议及场地要求】

考虑到实际效果,学校最好能购买一定数量的 POS 机,并放置在专门场地,如实训室,面积最好在 80～100 平方米,这样一来学生可以分组轮流进行练习,另外还需添置必备的维护工具。

【考核标准】

等级	A 级	B 级	C 级	D 级
标准	熟练使用各种功能。	熟练使用各种功能,几乎无差错。	会使用基本功能,但是速度慢,有错误。	不会使用基本功能且错误较多。

【课时分配】

序号	教学内容	小计	讲授	练习或测试
1	POS 机的发展历史及性价分析。	1	1	0
2	常见功能的讲解。	2	1	1
3	巩固练习。	1	0	1
4	考核测试	1	0	1
	合　　计	5	2	3

(三)保险柜操作技能

【教学要求】

让学生掌握各种常用保险柜的使用方法。

【教学内容】

一、介绍保险柜的发展历史及现在市场常见保险柜的各种功能,并进行性价比分析。

二、选择常用的保险柜对学生进行讲解练习。

三、介绍保险柜的基本防范措施及防盗技巧。

【教学重点】

保险柜的使用方法。

【教学难点】

保险柜的防盗措施。

【教学建议及场地要求】

学校最好能购买一定数量的保险柜用于课堂教学使用，并安置于实训室，实训室具体要求同上。

【考核标准】

等级	A级	B级	C级	D级
标准	熟练掌握使用方法并懂得基本的防盗措施。	熟练掌握使用方法。	基本掌握使用方法。	未掌握使用方法。

【课时分配】

序号	教学内容	小计	讲授	练习或测试
1	介绍发展历史现状进行性价比分析	1	1	0
2	讲解常规使用方法	1	1	0
3	讲解防盗措施	1	1	0
4	巩固练习	1	0	1
5	考核测试	1	0	1
	合　计	5	3	2

（四）打印机操作技能

【教学要求】

让学生掌握各种打印机的使用方法。

【教学内容】

一、讲解打印机的发展历史及现状，并对各种品牌的打印机进行性价比分析。

二、选定常用打印机介绍其常见功能及使用方法。

【教学重点】

打印机常用功能的使用。

【教学难点】

打印机常用功能的使用。

【教学建议及场地要求】

要求学校购买一定数量的打印机，具体实训场所可以与实际结合，比如学校可以在校内建立一个学生打印室，配置一定数量的打印机，可以让学生联系，也可以对外营业创收。

【考核标准】

等级	A级	B级	C级	D级
标 x	熟练掌握各种使用技能，能灵活应用。	熟练掌握使用技巧，并能灵活应用。	掌握基本使用方法，但是速度慢。	不懂得打印机的使用方法。

【课时分配】

序号	教学内容	小计	讲授	练习或测试
1	介绍发展历史现状进行性价比分析	1	1	0
2	讲解常规使用方法	2	1	1
3	巩固练习	1	0	1
4	考核测试	1	1	1
	合　　计	5	2	3

（五）扫描仪操作技能

【教学要求】

让学生掌握各种常见扫描仪的使用方法。

【教学内容】

一、介绍扫描仪的发展历程及现有技术，并对不同品牌的扫描仪进行性价比分析。

二、选定常见扫描仪进行教学，介绍使用方法。

【教学重点】

具体功能的使用方法。

【教学难点】

具体功能的灵活应用。

【教学建议及场地要求】

购买一定数量的扫描仪，具体场地也可以与打印机实训场地相结合。

【考核标准】

等级	A级	B级	C级	D级
标准	熟练掌握各种使用技能，能灵活应用。	熟练掌握使用技巧，并能灵活应用。	掌握基本使用方法，但是速度慢。	不懂得扫描仪的使用方法。

【课时分配】

序号	教学内容	小计	讲授	练习或测试
1	介绍发展历史现状进行性价比分析	1	1	0
2	讲解常规使用方法	1	1	0
3	巩固练习	1	0	1
4	考核测试	1	0	1
	合　　计	4	2	2

（六）传真机操作技能

【教学要求】

让学生掌握各种传真机的使用方法。

【教学内容】

一、传真机的现状及性价比分析。

二、常见传真机的使用方法。

【教学重点】

常见传真机的使用方法。

【教学难点】

常用方法的灵活应用。

【教学建议】

要求学校能购买一定数量的传真机,场地可与打印机和扫描仪结合。

【考核标准】

等级	优秀	良好	合格	不合格
标准	熟练掌握各种使用技能,能灵活应用。	熟练掌握使用技巧,并能灵活应用。	掌握基本使用方法,但是速度慢。	未掌握传真机的使用方法。

【课时分配】

序号	教学内容	小计	讲授	练习或测试
1	介绍发展历史现状进行性价比分析	1	1	0
2	讲解常规使用方法	1	1	0
3	巩固练习	1	0	1
4	考核测试	1		1
	合　计	4	2	2

（七）自动柜员机操作技能

【教学要求】

让学生掌握各种银行自动柜员机的使用方法和常见功能。

【教学内容】

一、各种银行的功能比较。

二、柜员机常见功能使用方法。

三、银行卡安全知识讲解及出现吃卡现象的解决办法。

【教学重点】

常见功能的使用

【教学难点】

安全意识的树立。

【教学建议及场地要求】

学校可与银行联系,选定几个柜员机进行现场讲解,学校不需要自己安排场地。

【考核标准】

等级	A 级	B 级	C 级	D 级
标准	熟练掌握各种使用技能,能灵活应用,并具有较高的安全意识。	熟练掌握使用技巧,并能灵活应用。	掌握基本使用方法,但是速度慢。	未掌握柜员机的使用方法。

【课时分配】

序号	教学内容	小计	讲授	练习或测试
1	对各种银行的柜员机进行功能比较。	1	0.5	0.5
2	讲解常规使用方法进行现场操作。			
3	讲解安全处理吞卡事件的方法及各种柜员机陷阱的防范,进行现场测试。	1	1	0
	合　　计	2	1.5	0.5

财会专业《会计制单技能》教学大纲研究

一、课程教学目标

《会计制单》是财务会计专业的一门重要的技能课。学习本课程,使学生能准确填制各种银行结算单据、其他常用原始凭证,以培养和提高学生实际操作的能力,帮助学生更快地适应新的工作岗位,能更大程度的发挥本人在单位的作用,最终达到实习就业的目的。为了达到教学目标,让学生能熟练地填制各种单据,该课程将按照制单等级的规则和要求进行考核。

二、课程教学内容和要求

（一）银行结算单据的填制

【教学目的要求】

掌握常用银行结算单据的填制。

【教学内容】

现金交款单、现金支票、转账支票、银行汇票申请书、电汇凭证、信汇凭证、委托收款凭证、托收承付凭证、银行承兑汇票、商业承兑汇票等的填制。

【教学重点】

现金支票、转账支票、银行汇票申请书的填制。

【教学难点】

现金支票、转账支票的填制。

【教学建议】

采用实训教学方式,加深学生学习印象。

（二）常用原始凭证的填制

【教学目的要求】

掌握企业在日常经济业务中的常用原始凭证的填制方法

【教学内容】

借款单、差旅费报销单、普通发票、增值税专用发票、材料入库单、领料单、收款收据等的填制。

【教学重点】

普通发票、增值税专用发票的填制。

【教学难点】

增值税专用发票的填制。

【教学建议】

采用实训教学方式,加深学生学习印象。

三、考核的有关要求

1. 考核形式:会计制单等级考核实行全校统一考试形式。凡财会专业学生必须参加学校组织的会计制单考试,并取得合格以上等级,才能予以毕业。

2. 考试时间:会计制单统一考核时间为第三学期期末,即学习完《基础会计实训》及《财务会计实训》两门实训课程之后进行。若第一次考核不合格者可以参加第四学期期末组织的考试,即学习完《会计实训》课程之后再进行考核。如对第一次考试成绩不满意者也可以参加第二次考试。

3. 考核等级:会计制单考核成绩实行百分制,根据成绩划分等级。

成绩评定标准如下:

(1)制单项奖总分100分。内容由两部分组成,其中银行结算单据考核占50%,常用原始凭证填制占50%。考核形式均为实务操作题,即根据题目提示及要求,填制相应单据。

(2)每张原始凭证的各项目填写准确无误,得满分。其中:收款人、付款人、账号、开户银行、出票日期、大小写金额、摘要、货物及劳务名称、计量单位、数量、单价等项目各1分,错填、漏填均不得分。其中大小写金额写错扣5分。

(3)累计个人完成的所有原始凭证的得分,为个人最终成绩。

A级:91分—100分;

B级:76分—90分;

C级:61分—75分。

四、本课程与其他课程关系

本课程在《基础会计实训》及《财务会计实训》理论课学习结束后进行，是会计专业技能操作课。

五、教材及参考书

教材：自编

参考书：

1.《会计模拟综合实验教程》中国纺织出版社
2.《会计原理实验教程》高等教育出版社

财会专业《纳税申报技能》教学大纲研究

一、课程教学目标

通过纳税申报技能教学与强化训练，使学生在掌握主要税种应纳税额计算的基础上，熟悉税收优惠政策，并能熟练填制纳税申报表。

二、课程教学内容

（一）增值税的申报和缴纳

【教学要求】

复习并巩固增值税基础知识。熟练填制《增值税纳税申报表（适用于一般纳税人）》及其附表，熟练填制《增值税纳税申报表（适用于小规模纳税人）》。

【教学内容】

增值税征收范围，一般纳税人和小规模纳税人的界定，税率和征收率的确定，一般纳税人应纳税额的计算，小规模纳税人应纳税额的计算，出口退税的计算。增值税减税免税。

《增值税纳税申报表(适用于一般纳税人)》及其附表的填制。

《增值税纳税申报表(适用于小规模纳税人)》的填制

(二)消费税的申报和缴纳

【教学要求】

复习并巩固消费税基础知识。熟练填制《消费税纳税申报表》。

【教学内容】

消费税的征收范围,消费税的计算。《消费税纳税申报表》的填制。

(三)地税综合申报表的填制

【教学要求】

由于《地方税(费)综合纳税申报表》适用于营业税、城建税、教育费附加、资源税、房产税和城市房地产税、土地增值税和城镇土地使用税(预征部分)、车船使用税、车船使用牌照税、印花税(仅限汇总缴纳和核定征收两种方式)、文化事业建设费、水利建设专项资金的申报,在具体填表前,需要对各税种进行复习。

【教学内容】

营业税、城建税、教育费附加、资源税、房产税、土地增值税、城镇土地使用税、车船使用税、印花税、水利建设专项资金

《地方税(费)综合纳税申报表》的填制

(四)企业所得税的申报和缴纳

【教学要求】

掌握企业所得税的计算和税收优惠政策。能根据资料填制《企业所得税预缴纳税申报表》、《企业所得税年度纳税申报表》、《企业所得税纳税申报表(适用核定征收企业)》。

【教学内容】

企业所得税的计算,税收优惠。填制报表。

（一）个人所得税的申报和缴纳

【教学要求】

掌握个人所得税的计算。能填制《扣缴个人所得税报告表》、《个人独资企业和合伙企业投资者个人所得税申报表》

【教学内容】

个人所得税各项所得应纳税额的计算。报表的填制。

三、考核标准

C级：能填制《增值税纳税申报表(适用于小规模纳税人)》

　　　　《地方税（费）综合纳税申报表》

　　　　《企业所得税纳税申报表(适用核定征收企业)》

　　　　《扣缴个人所得税报告表》

B级：在C级基础上，能填制《增值税纳税申报表(适用于一般纳税人)》及其附表

　　　　　　　《消费税纳税申报表》

　　　　　　　《个人独资企业和合伙企业投资者个人所得税申报表》

A级：在B级基础上，能填制《企业所得税预缴纳税申报表》

　　　　　　　《企业所得税年度纳税申报表》

四、考核时间

与《税收基础》课程结合，在课程最后二周安排课堂时间进行考核，不再单独增加培训时间。如第一次考试不合格或对第一次考试成绩不满意者也可以参加下学期组织的第二次考试。

财会专业《会计电算化技能》教学大纲研究

一、教学目标

1. 了解主要的财务软件的名称、特点及适用对象
2. 初步掌握主要财务软件中账务处理及报表处理的操作
3. 通过省会计电算化初级上岗资格考试

二、教学内容

1. 会计电算化的基本概念

会计电算化的概念、甩账、财务软件、会计电算化规范

2. 主要财务软件的基本操作

(1)财务系统操作:账套建立;财务分工;财务系统初始化;录入凭证;凭证审核;记账;结账;查账

(2)报表系统操作:报表制作;数据生成;报表保存及打印

三、教学时间

与《会计电算化》课程结合,不再单独增加培训时间

四、考核方法

1. 参加浙江省会计电算化初级上岗资格考试
2. 校内上机操作考试

(1)选择某种主要财务软件,进行账务处理和报表处理操作

(2)考试时间 60 分钟

(3)考试内容:账套建立;财务分工;财务系统初始化;录入凭证;凭证审核;记账;结账;查账。报表制作;数据生成;报表保存

3．技能分级

分级采用百分制

电算化技能分四个等级：A 熟练；B 一般；C 及格；D 不及格

D 不及格：没通过浙江省会计电算化初级上岗资格考试

C 及格：通过浙江省会计电算化初级上岗资格考试

B 一般：通过校内电算化上机操作 B 级考试

A 熟练：通过校内电算化上机操作 A 级考试

备注：

1．浙江省会计电算化初级上岗资格考试每年六月份进行；

2．校内会计电算化上机考试每年上半年进行；

3．需要再次定级的学生，应事先向专业教研室申请，并办理相关手续后进行；

4．浙江省会计电算化初级上岗资格考试收费按有关规定执行；

5．校内再次定级应收取少量费用。

第五节　综合职业能力视野下的高职会计专业六种实践教学形式研究

一、暑期社会实践

1．《暑期社会实践》课程的性质和目的

暑期《社会实践》课程为基础会计、财务会计、经济学概论等专业课之后的实践教学，是职业教育实践性教学的一个重要环节，通过实践使学生走出学校接触社会，了解我国经济发展情况，了解本专业所面向的职业与岗位的工作性质、工作内容，培养专业兴趣，并将所学专业理论和专业知识利用各种方式与实践相结合，培养专业兴趣，增强职业意识，为后续专业课程的学习打下坚实的基础。

2.《暑期社会实践》课程的基本内容和时间分配

(1)目前会计专业、银行、证券、保险人员素质的状况

(2)现实中会计、投资与理财课本知识的实用性问题

(3)实践单位的资金运动过程和业务流程等方面的特点

(4)参与记账、算账和报账工作

(5)实践单位财务管理组织形式、原则和各项资金管理方法

(6)社会对会计、投资与理财专业工作者素质的新要求

(7)与会计、投资与理财相关的其他问题,如:财政、税收、工商、法律、银行、证券、保险等

(8)《暑期社会实践》课程利用暑假进行,两周时间。

3.《暑期社会实践》课程的基本要求

(1)通过暑期社会实践,要求学生能理论联系实际,将所学会计、投资与理财专业理论和专业知识运用到实践中。上述实习内容中第四项一定要完成,其余的应参与一项及以上。

(2)学生在社会实践过程中,要严格遵守实习单位的规章制度,服从实习单位的安排,以新一代大学生的责任感.模范遵守社会公德,认真体会职业道德。

(3)社会实践既是一个领会学习过程,也是一个社会实践过程,学生在实习中要谦虚谨慎;条件许可的,要深入岗位第一线,在实践中增进对于专业与职业岗位的经验认识,增强职业意识。

(4)社会实践结束后,学生应对社会实践过程进行总结,形成社会实践报告。社会实践报告内容可以是对于社会实践内容某一方面的社会调查,也可以是对于职业与岗位的体会认识。社会实践报告及学生假期社会实践考核表(即实习单位的证明材料)于下学期开学初交各班班主任,由财会教研室组织相关指导教师、班主任评定后作为必修成绩记入学生《社会实践》课程成绩档案。

（5）社会实践成绩优秀的同学，系部将进行表彰奖励，优秀社会实践报告将进行汇编，在全系进行宣传。

4. 暑期社会实践的形式、时间、地点和分组情况

利用暑期在家庭所在地独立进行，每人为一组，每 10 名左右学生配备1 名专业指导老师。

5. 必要说明

暑期社会实践要注意安全，在家长和实习单位的管理下开展工作，安全由家长负责。社会实践中有什么问题请及时与指导老师联系。

附件：1. 学生假期实践考核表

2. 社会实践报告

3. 社会实践指导老师及学生名单

二、会计基本技能实践

前面第二节已有阐述。

10 项基本技能：会计书写技能、汉字录入技能、小键盘数字录入技能、点钞技能、伪钞鉴别技能、会计制单技能、纳税申报技能、珠算技能、会计电算化技能、计算器应用技能。

三、专项技能实践

主要是 10 门课程理实一体实训：基础会计实训、财务会计实训、成本会计实训、税务会计实训、外贸会计实训、财务管理实训、审计实训、财务分析实训、工业企业实训、商品流转实训。

第一方案：基础会计课程项目化教学研究如下：
《基础会计》课程项目化教学研究

摘要：笔者认为，目前高校对会计专业实践教学改革的研究甚多，但对

《基础会计》项目化、精品化教学、岗位贴近度等研究还不够。《基础会计》课程是会计专业的入门课程,此门课程教学效果的好坏,对后续课程将起到决定性的作用。本文建议应通过社会调查加强《基础会计》课程项目化、精品化教学研究,主要从以下几方面着手:构建课程建设理念(包括校企合作共同开发课程标准、校企合作共同开发教材、能工巧匠走进课堂、学生走出校门等)、构建课程教学环境(包括建立会计专业指导委员、构建"2663"实践教学体系、校内外实训基地建设等)、优化课程教学内容、改革课程考核方案、实现课证深度融合、创新教学方法和手段、创建课程实践教学平台(包括单项能力训练、综合能力训练、竞赛强化、考证指导)、职业素质渗透研究、会计基本技能校本认证研究、为农服务研究、加强教材和网络资源建设等元素。

关键词:基础会计;项目化;实践教学;课程;教学。

当今社会正发生着深刻的变化,社会发展的日新月异,对未来劳动者的素质提出了更高的要求,这必然要求职业院校教学要改变传统教学模式,从以培养知识型的人才向培养创新型、能力型、操作型的人才转变,而学校教学的趋势应当由教师主导学生学习的过程及方向转变成为由学生自主动手操作的过程及方向,给学生更多动手操作的时间和空间,学会独立操作一项技能,有成就感地学习和生活。

基础会计课程以突出技能性和实践性为主要特点,培养学生掌握财会岗位群的操作技能,在企业财会岗位从事专业工作的一线高技能人才。根据财会职业岗位群主要是中小企业的财务会计核算和管理工作的特点,《基础会计》课程要求是:熟练进行从会计凭证——会计账簿——财产清查——会计报表这一账务处理过程的实务操作;明确会计核算岗位、出纳岗位、记账岗位、报表岗位等的基本规范和任职要求。掌握会计基本理论、基本方法、基本操作技能,为后续的《财务会计》、《成本会计》、《财务管理》、《电算化会计》等专业课程的学习打下扎实的基础。《基础会计》课程项目化、精品化教学研究,主要应从以下几方面着手:

一、构建《基础会计》课程项目化建设理念及教学环境

1. 构建《基础会计》课程项目化建设理念

笔者认为《基础会计》课程项目化建设应以校企合作为平台,确定其建设理念,即以校企合作共同开发课程标准、校企合作共同开发教材、能工巧匠走进课堂、学生走出校门—课堂交给能工巧匠等内容为建设载体,实现学校与企业的良性互动。

2. 构建课程教学环境

(1)建立会计专业指导委员

专指委应由本科院校、高职院校、行业专家若干名组成。不管是理论还是实践都应代表会计行业的较高水平,真正为专业起把脉领航,拓展影响力,发挥"智囊团"等作用,为走出一条与专业、行业共育人才、共建专业、共同开发课程、共享共建实训基地、共享校企人才资源、共同开展应用研究与技术服务等特色专业、课程发展道路搭建平台。

(2)构建"2663"实践教学体系

包括二个实践教学环境(校内实训基地和校外实训基地)、六种实践教学形式(认知实践、会计基本技能实训、专项技能实训、岗位技能实训、综合技能实训、专业拓展技能实训)、实践教学贯穿于六个学期、训练三种能力(方法能力、专业能力、社会能力)。以2663实践教学体系为平台,构筑《基础会计》课程多个单项实训和综合实训平台,在我院已取得了良好的成效。

(3)校内外实训基地建设

校内实训基地建设应建立基础会计实训室,购买基础会计课程实训软件,既能开展按工作流程(取得或填制原始凭证——编制记账凭证——登记账簿——编制会计报表)进行项目化的单项实训和综合实训,又能开展按"工作岗位"(出纳岗位、总账岗位、稽核岗位、会计主管岗位等)进行的分岗位实训,充分体现高职教育理念。

校外实训基地建设以签订"实习基地协议书"的方式,学校积极创造条

综合职业能力视野下的高职会计专业学生专业技能培养研究

第三章

125

件与企业单位共建教学实习基地,应建成10家左右稳定的校外实训基地,为课程校外实践教学搭建校企合作教学平台。

二、《基础会计》课程项目化教学改革元素

1. 优化课程教学内容

以职业能力为核心、以够用为度,不追求专业理论知识的完整性,而是严格按照职业岗位工作的需要去精选适合的专业理论知识,职业岗位需要什么,就教什么,需要多少,就教多少。增加实践教学环节的课时分配。

2. 创建课程实践教学平台

技能教学应分为单项能力训练、综合能力训练、竞赛强化、考证指导等四个板块。

单项能力训练包括:

	项目一 原始凭证识别与审核	项目二 原始凭证填制	项目三 复式记账
单项能力 训练	项目四 记账凭证填(1)——筹资业务	项目五 记账凭证填制(2)——采购业务	项目六 记账凭证填(3)——生产加工业务
	项目七 记账凭证填(4)—销售业务	项目八 记账凭证填制(5)——财务财务成果及分配	项目九 账簿开设及期初余额登记
	项目十 账簿登记及错账更正	项目十一 报表编制(1)—资产负债表	项目十二 报表编制(2)—利润表

综合能力训练包括:出纳岗位;普通会计员岗位(管理明细账);总账会计岗位(管理总账);稽核与会计主管岗位。

综合能力 训练	出纳岗位	总账会计岗位(管理总账)
	普通会计员岗位(管理明细账)	稽核与会计主管岗位

竞赛强化：

	竞赛名称	内容设计	组织及实施过程
竞赛强化	制单比赛	填制通用记账凭证填制专用记账凭证	学生组织　教师指导
	点钞比赛	点钞速度假钞甄别	学生组织　教师指导
	珠算比赛	速度与正确性(目的是能力实训时使用)	学生组织　教师指导

考证指导：

	目标证书名称	教学内容设计	组织及实施过程
考证指导	会计从业资格证	1. 最新会计从业资格证考试大纲中《会计实务》相关内容	学生社团组织　教师指导
		2. 从业资格证模拟考试	学生社团组织　教师指导

3. 改革课程考核方案：

(1)理实一体教学部分(单项能力训练)

成绩组成：本课程的成绩由两部分组成：平时 60％,期末 40％。(平时成绩又包括：作业、期中、课堂实训三部分)

(2)综合能力训练部分：

序号	实训内容	评定要求	考核比例
一	开设账簿,登记期初余额	掌握登记账户期初余额方法。	5％
二	原始凭证的填制和审核	掌握原始凭证填制和审核的方法。	5％
三	编制记账凭证	掌握记账凭证的填制和审核方法。	10％
四	编制科目汇总表	掌握科目汇总表的编制方法。	10％
五	登记现金日记账和银行存款日记账	掌握日记账的登记方法。	10％
六	登总账	掌握总分类账的设置和登记方法。	15％
七	登记明细账	掌握明细分类账的登记方法,总账与明细账的平行登记方法及错账更正的方法。	15％

续表

序号	实 训 内 容	评 定 要 求	考核比例
八	资产负债表和损益表的编制	掌握会计报表的编制方法。	10%
九	会计凭证的装订	掌握会计凭证的装订方法。	10%
十	撰写实训报告	掌握实训报告书写方法	10%
合　　计			100%

4．改革教学方法

应采用任务驱动教学法、工作过程导向法、情景式教学法、角色体验法、案例教学法、启发式教学法、直观教学法、演示教学法、讨论式教学等有效的教学方法。

5．课证深度融合

结合会计从业资格证考试大纲，与专业教学大纲相衔接，把基础会计教学与考证融合起来，做到课程与职业证书融合，实现教学与职业能力要求"充分对接"。

6．考取校本基本技能证书的部分技能。

校本会计基本技能证书主要项目包括：会计书写技能、汉字录入技能、小键盘数字录入技能、点钞技能、伪钞鉴别技能、会计制单技能、纳税申报技能、珠算技能等。应确定以考核内容、技能等级、考核要求为核心会计基本技能实训大纲，实现《基础会计》课程与会计基本技能的有效衔接，提高学生掌握会计基本技能与学习《基础会计》课程的积极性。

7．立体化教材建设

为保证《基础会计》课程教学内容的先进性，同时突出课程特色，《基础会计》课程教材应以国家规划教材、21世纪教材、有较强特色的自编教材为辅助，组成完备的教材体系。由我院胡苗忠老师主编，浙江工商大学出版的《基础会计实训》教材已投入使用，该教材的主要特点是与行业企业合作编写出版突出职业性和实践性的项目化教材，更适用于教师教学和学生学习。

9. 网络资源建设

《基础会计》课程教学应建成丰富的课程网络资源主要内容包括：课程标准、项目活动载体设计、项目教材、整体教学设计、课程教学网络资源(教案、课件、案例库、习题库、教学录像、网上实训系统、课程考核系统等)。

10. 培养学生职业素质

将职业素质培养融入课程教学中,应编写《基础会计》课程职业素质培养方案,在教学中,要使学生懂得会计工作是企业管理的重要组成部分,教育学生热爱本职,以主人翁的精神为企业当好家、理好财。在讲授会计的监督职能时,要使学生懂得独立性、公正性等职业道德是会计职业所必备的,要教育学生严肃认真地监督每项经济业务的合法性、合理性和真实性,坚决与违法乱纪的行为作斗争。

除了课堂教学、实践教学之外,还应聘请行业专家和已经毕业的学生等来校讲座。鼓励并资助学生参加各种竞赛与志愿者活动,举办专业讲座、知识竞赛活动、社团活动、技能运动会、参加社会实践等,使学生的职业素质在参与本课程第二课堂中得到很好的锻炼与提升,能让学校的毕业生在综合素质上更加受到用人单位肯定与好评。

11. 课程应开发为农服务相关资料,突显为三农服务课程特色

以我院为例,我们以农业院校作为平台,已培训农产品经纪人800多人次,培训的主要内容是农产品的会计核算,主要依托的就是《基础会计》课程项目化建设的相关教学资源,得到了农民的一致好评,产生了课程的社会效益。

小结:课程项目化教学是职业院校教学的重要特征,要上好职业院校会计专业课程,必须高度重视项目化教学的研究,加强专业技能训练,加大实践性教学的比重,提高学生的应用能力。只有这样,才能实现职业院校会计专业的培养目标。国际会计师联合会(IFAC)曾对会计教育目标的构建提出了三个与掌握专业知识相关的原则:一是与专业有关的知识掌握程

度;二是将所学知识运用于实际工作的能力;三是从事专业工作的态度与方法。同时还要求在会计教育目标中充分体现注重实际能力培养、实行开放式教育、注重人际交流训练、终身教育及职业道德等五个观念。对《基础会计》课程教学实行项目化教学,符合这一要求。

参考文献:

(1)刘东华,"基础会计"精品课程建设与探索[J],会计之友,2008,(2):62—63.

(2)申俊玲,提高《基础会计学》教学效果的方法探析[J],统计与咨询,2006,(4):66—67.

(3)施金影,项目教学法在《基础会计》教学中应用的思考,会计之友,2008,(10):72—73.

(4)杨凌,高职《基础会计》课程教学内容设计模式探索,会计之友,2009(19):93—94.

(5)郝敏,创建《基础会计》实践教学改革的新模式——"双轨三线制"实践教学模式,会计之友,2009(19):70—71.

第二方案:《基础会计》课程实践教学研究如下:
《基础会计》课程实践教学研究

摘要:笔者认为,目前高校对会计专业实践教学改革的研究甚多,但对《基础会计》教学的研究却不多见。《基础会计》课程是会计专业的入门课程,此门课程教学效果的好坏,对后续课程将起到决定性的作用。本文建议《基础会计》课程教学过程可分为理论与实践相结合的教学和综合实践教学两个阶段,其中要有教材保障,包括与理论教学相配套的《基础会计》单项仿真实训教材和《基础会计》综合仿真实训教材。同时在理论与实践教学时应打破原有的教材体系。

关键词:基础会计;课程;实践教学;仿真实训;教材。

当今社会正发生着深刻的变化,社会发展的日新月异,对未来劳动者的素质提出了更高的要求,这必然要求职业学校教学要改变传统教学模式,从以培养知识型的人才向培养创新型、能力型、操作型的人才转变,而学校教学的趋势应当由教师主导学生学习的过程及方向转变成为由学生自主动手操作的过程及方向,给学生更多动手操作的时间和空间,学会独立操作一项技能,有成就感地学习和生活。

一、现行《基础会计》实践教学中存在的主要问题

1. 重理论、轻实践

重理论、轻实践的问题,在我国各类院校的会计教学中是普遍存在的。就目前的情况,多数院校只重视会计基础理论、基本原理和基本方法的教学,而忽视会计实践这一环节,以至于长期以来形成了教学与实践脱节越来越严重的问题,使会计类毕业生在毕业后的一段时间内,对会计凭证、账簿、报表不知如何下手,很难适应企事业单位的会计操作。

2. 缺乏统一的、高质量的会计实践教学教程

要使会计实践教学获得好效果,首先应该有一本好教材,这是保证教学质量的前提条件。但是,就目前来看,图书市场上常见的教材主要用于《会计综合实训》,属于《中级财务会计》、《高级会计学》课程的内容,而会计教学前阶段的《基础会计》单项仿真实训、《基础会计》综合仿真实训教材且很少见到,即使有,教材业务也过分集中于大中型企业,尤其是上市公司,且文字说明过长、业务较深较难,职校学生不易理解。又由于每个院校每一届学生的用量有限,一本教材出版后往往几年不变,部分内容出现陈旧过时现象。教材中的实践内容往往也比较单一,一般都是工业企业的日常基本经济业务,对于现实经济实践中新发生的业务大家都不愿意去费力把他们纳入到实践教材里面来。教材的质量也限制了会计实践教学目标的实现。

二、现行《基础会计》实践教学应采取的对策

《基础会计》是会计专业一门极为重要的专业基础课,课程理论性、实

践性、技术性和操作性都比较强,对会计专业的学生来说,这是一个崭新的知识领域。如何将学生带进专业大门,让学生了解和掌握这门会计入门课程的基本理论、基本知识和基本操作技能,并为他们进一步学习各种专业会计和有关管理课程奠定基础,为后期的《财务会计阶段性实训》、《会计综合实训》、《专业实习》做准备,应是《基础会计》课程教学的出发点和归宿。

1. 第一学期每周 6 节课,对《基础会计》课程实行理论与实践相结合的教学模式

首先要编制一套与课堂教学同步的《基础会计》单项仿真实训教材。其次要打破现有教材的体系,按实际企业的经济业务发生过程(制单—审核—编制记账凭证—审核—登记账簿—编制报表—财务分析)开展课堂理论与实践相结合的教育。最后课堂教学与课堂实践应同步进行,并且每章、每节都要有明确、具体的教学目标,合理地安排每堂课的讲授内容,否则一切将是盲目的。通过教学将经济活动内容转换为会计语言——科目、账户与复式记账、填制凭证、登记账簿和编制会计报

表等。具体可按如下程序实施教学:

(1)原始凭证 1

课堂教学:制单基本理论、相关基础知识。

课堂实践:根据仿真单项实训资料填制原始凭证。

课堂目标:使学生掌握领料单、收料单、产品入库、出库单、借款单、差旅费报销单、医药费报销单、行政拨交工会经费缴款书、收款收据、普通发票、增值税专用发票、现金支票、转账支票、电汇、信汇、票汇凭证、委托收款、托收承付凭证、银行承兑、商业承兑汇票、各种进账单、银行汇票申请书、银行收费凭证等原始凭证的填制。

(2)原始凭证 2

课堂教学:原始凭证各联次的作用。

课堂实践:原始凭证样张展示。

课堂目标:使学生掌握原始凭证各联次的作用。

（3）原始凭证3

课堂教学：原始凭证审核的注意事项。

课堂实践：展示错误的原始凭证。

课堂目标：使学生掌握原始凭证审核，指出每张原始凭证的错误。

（4）记账凭证1

课堂教学：会计要素、科目与账户的基本理论、相关基础知识。

课堂实践：根据实际案例识别会计要素，根据仿真单项实训资料所需账户，在账页上完成账户设置。

课堂目标：使学生懂得识别会计要素，掌握实际工作中账户的开设。

（5）记账凭证2

课堂教学：复式记账（账户结构）的基本理论、相关基础知识。

课堂实践：根据仿真单项实训资料，在账页上完成六种类型账户的登记。

课堂目标：使学生掌握六种类型账户的结构情况。

（6）记账凭证3

课堂教学：复式记账（借贷记账法）的基本理论、相关基础知识。

课堂实践：根据仿真单项实训资料，进行专用、通用记账凭证的编制。

课堂目标：使学生掌握借贷记账法，专用、通用记账凭证的编制。

（7）记账凭证4

课堂教学：记账凭证审核的注意事项。

课堂实践：展示学生前面做过的错误记账凭证。

课堂目标：使学生掌握记账凭证的审核，指出每张记账凭证的错误。

（8）账簿1

课堂教学：账簿常用种类、选用格式相关知识。

课堂实践：根据仿真单项实训资料，进行常用各种格式账簿的登记。

课堂目标：使学生掌握常用各种格式账簿的登记。

（9）账簿2

课堂教学：账簿（平行登记法）及试算平衡相关知识。

课堂实践：根据仿真单项实训资料，进行总账和明细账（选2—3种账）

的登记并进行账账核对、试算平衡。

课堂目标:使学生掌握平行登记法应用原理及试算平衡。

(10)账簿 3

课堂教学:登记账簿的基本规则及错账更正法相关知识。

课堂实践:展示以前做过的错误凭证及账簿,学生选用错账更正法进行更正。

课堂目标:使学生掌握错账更正法。

(11)主要经济业务的核算

课堂教学:企业业务流程、会计科目相关知识。

课堂实践:根据仿真单项实训资料(包括资金筹集实验、供应过程实验、生产过程实验、销售过程实验、财务成果实验)相关经济业务,编制记账凭证、登记账簿、试算平衡。

课堂目标:使学生掌握企业各业务流程主要经济业务的核算。

(12)账簿 4

课堂教学:财产清查、对账与结账的基本要求。

课堂实践:根据主要经济业务核算中编制的记账凭证、登记的账簿进行对账(账证核对、账账核对),根据现金、银行存款、主要存货进行实地盘点,进行账实核对,编制出纳报告单、银行对账单、仓库盘点表等。最后在账簿中做好结账工作。

课堂目标:使学生掌握实际工作中的财产清查、对账与结账。

(13)报表

课堂教学:报表编制的基本要求及会计等式。

课堂实践:根据主要经济业务核算中登记的总账和明细账编制会计报表,从会计报表中展示会计等式。

课堂目标:使学生掌握实际工作中报表的编制及会计等式的应用。

(14)装订

课堂教学:装订的基本要求。

课堂实践:学生前面做的记账凭证、账簿等进行装订。

课堂目标:使学生掌握记账凭证、账簿等的装订方法及作用。

(15)会计核算程序

课堂教学:常用会计核算程序的基本原理及实践意义。

课堂实践:根据主要经济业务核算中的记账凭证编制科目汇总表登记总账、实践程序回顾、实践总结。

课堂目标:老师与学生共同回顾企业会计核算的整套流程。

(16)其他

在此种教学模式下,学生既学习了课本知识,同时又将课本知识应用到实践中,发现问题、解决问题,真正掌握会计基础的相关知识,实现了课堂教学与课堂实践的有机结合。

2. 第二学期每周2节课进行综合性《基础会计仿真实训》

对这门课程我校04级、05级财会已开设了二届,同时进行了调查问卷,基本情况如下:

(1)课程设置方面的选择

项 目	学习本课程对自己的专业学习有否帮助	项 目	学习本课程意义的认识(多选)
没多大帮助	11.1%	巩固前学知识	84%
比较有帮助	68.2%	扩大眼界	22%
有较大帮助	20.7%	提高判断能力	55%
		启发对某些问题思考	55%

(2)课程学习及教学方法的选择

项 目	在实训课程的学习中,课前作过准备的	项 目	实训课内提问
看过以前学过的教材	23%	不提	13%
查过资料	7%	事先让我们课前准备	37%
预习过教材内容	22%	课内准备几分钟	50%
没准备过	48%		

项　目	课程教学应选择 的方式上	项　目	本课程教学方法 的运用
应进行实训	65%	只听老师讲，自己操作	41%
应进行案例教学	30%	让我们讨论，最好有争论	42%
应进行理论教学	5%	老师多提问题让我们思考	17%

项　目	实训课程每周安排的课时	项　目	对本实训课程学习
1课时	29%	感兴趣	20%
2课时	38%	适中	70%
4课时	28%	不感兴趣	10%
6课时	5%		

（3）课程练习的形式

项　目	以分录为主	以分析为主	以会计处理或 问题回答为主	以实训资料为主
课后练习的形式	15%	9%	23%	53%

（4）课程评价模式

项　目	本课程考试形式	项　目	课程成绩评定
不考	21%	以平时课内提问为主	7%
开卷考	43%	以课内实训完成情况为主	28%
写小论文形式	6%	考试与平时提问、实训相结合	65%
面试但难度要适中	30%		

（5）课程教材的选择

项　目	主张采用自编教材	应外购现成出版物	应选用本科教材
实训课程教材	45%	30%	25%

　　从上述调查问卷中我们可以看到，学生对《基础会计》综合仿真实训课程及教材还是肯定的，认为《基础会计》教学应理论与实践相结合。在实训

课程设置方面认为对自己的专业学习比较有帮助,并且能巩固前学知识、提高职业判断能力,启发对某些问题的思考、能扩大眼界。在课程学习及教学方法上虽然职业学校的学生学习主动性还不够,但还是希望进行课程实训、在课堂上提出多讨论、多做习题、最好有争论等,这应该提得不错。在课后练习上学生还是希望多做实训资料,说明学生对掌握实际工作业务处理的渴望。在课程评价模式上学生希望得到老师多方位的评价,而不仅仅是理论考试。在课程教材的选择上大多数同学主张采用自编教材。

因此,在第一学期对《基础会计》课程理论与实践相结合的教学模式结束后,应进行一次《基础会计》综合仿真实训。应自编多套《基础会计》综合仿真实训教材,对上学期学过的分散式内容进行综合实训,内容应包括接账建账、熟悉各种原始单证、制作各种原始单证、记账凭证编制、登记各种格式的明细账、编制科目汇总表、根据科目汇总表登记总账、账账核对、对各种错账更正法的认识和应用、结账、编制会计报表、会计档案归档、实训考核、实训总结等。

并且此仿真实训资料还有其他多种用途,如:高职复习班的财会中级工、初级工考试培训资料、教育局组织的记账技术比赛训练资料、校技能运动会的财会记账技术比赛试卷及资料、为后续专业课程实训打好基础、财会电算化上机操作用资料、财会营地培训资料等。

小结:实践性教学是职业院校会计教学的重要特征,要办好职业院校会计专业,必须高度重视实践性教学环节,加强专业技能训练,加大实践性教学的比重,提高学生的应用能力。只有这样,才能实现职业院校会计专业的培养目标。国际会计师联合会(IFAC)曾对会计教育目标的构建提出了三个与掌握专业知识相关的原则:一是与专业有关的知识掌握程度;二是将所学知识运用于实际工作的能力;三是从事专业工作的态度与方法。同时还要求在会计教育目标中充分体现注重实际能力培养、实行开放式教育、注重人际交流训练、终身教育及职业道德等五个观念。对《基础会计》课程教学过程分为理论与实践相结合的教学和综合实践教学两个阶段,其中要有教材保障,理论与实践教学时应打破原有的教材体系,符合这一要求。

参考文献：

(1)阎达五.面向21世纪会计学类系列课程及其教学内容改革的研究[M].北京：经济科学出版社，2000.

(2)常颖，陈立群.关于会计案例教学的几个问题[J]，会计研究，2000，(8)：51—52.

(3)石本仁，21世纪知识经济的发展与中国会计教育的转向[J]，会计研究，2000(9).

(4)周杨.面向21世纪会计教育发展的对策，会计之友[J]，2000(10).

(5)吴健.面对WTO会计教育质量如何提高，中国财经报[N]，2000.9(21).

四、岗位技能实践

七个岗位实训：出纳员岗位、往来结算核算员岗位、财产物资核算员岗位、资金核算员岗位、成本核算员岗位、财务成果核算员岗位、会计主管岗位。

出纳员岗位：包括原始凭证的填制、审核；记账凭证的填制、审核；日记账的登记、审核；银行存款余额调节表的填制；点钞、验钞等内容。

往来结算核算员岗位：包括应收及预付款业务核算；应付及预收款业务核算；应交税费业务核算；债务重组业务核算等内容。

财产物资核算员岗位：包括存货业务核算；固定资产业务核算；无形资产业务核算；投资性房地产业务核算；非货币性资产交换业务核算等内容。

资金核算员岗位：包括负债筹集业务核算、权益筹集业务核算、金融资产业务核算、长期股权投资业务核算等内容。

成本核算员岗位：包括正确使用品种法、分批法、分步法等成本核算方法等内容。

财务成果核算员岗位：包括收入业务核算；费用业务核算；利润及利润分配业务核算等内容

会计主管岗位：包括会计稽核；会计报表编制；会计调整等内容。

五、综合技能实践

六个综合技能实训:会计综合实训、会计电算化实训、用友 ERP 认证实训、顶岗实习、毕业实习、毕业论文。

六、专业拓展技能实践

行业会计理实一体实训:农业企业会计、外贸会计、商品流转核算、金融保险业务核算等

三农课程理实一体实训:农业企业会计、农村金融等。

第六节 综合职业能力视野下的高职会计专业实践教学贯穿于六个学期教学研究

一、高职会计专业教学进程表

课程分类	项目	课程编号	课程名称	学分	计划学时	各学期周数、学时分配					
						1 19周 19/0	2 18周 18/0	3 19周 19/0	4 21周 21/0	5 20周 20/12	6 18周 18/18
职业素质	道德素质、心理素质、政治素质、身体素质等。		思想品德修养和法律基础★	3	57	3					
			经济数学★	4	76	4					
			军事理论	2	48	后2周					
			"概论"★	4	68			4			
			形势与政策教育	4	73	1	1	1	1		
			体育	6	110	2	2	1	1		
			大学生职业生涯设计★	2	37	1	1				
			始业教育	1	24	前1周					
			"概论":毛泽东思想和中国特色社会主义理论体系概论;"大学生职业生涯设计":第一学期开设"心理健康教育"第二学期开设"就业指导",另外为讲座;"军事理论"课安排在第三学期后期进行,时间二周;"大学英语"根据专业特点可开设2—4学期。								
			小　计								

续表

课程分类	项目	课程编号	课程名称	学分	计划学时	1 19周 19/0	2 18周 18/0	3 19周 19/0	4 21周 21/0	5 20周 20/12	6 18周 18/18
职业能力	职业基本技能		会计书写与制单	2	38			2			
			点钞及伪钞鉴别	1	19	1					
			综合计算技术	2	36		2				
			珠算▲	2	30	2					
			会计基本技能校本认证▲	2	30			2			
			会计基本技能校本认证含8项技能:珠算技能训练及考证;点钞技能训练及考证;伪钞鉴别技能训练及考证;汉字录入技能训练及考证;小键盘数字录入技能训练及考证;会计书写技能训练及考证;会计制单技能训练及考证;计算器使用技能训练及考证。								
			小　计	9	153	3	2	4			
	职业基础技能		经济学概论	4.5	72		4				
			会计英语★	5	84		4				
			财经应用文▲	2	30		2				
			小　计	9	153	3	2	4			
	职业特色能力		商品流转核算★	3	48					6	
			外贸会计★	3	48					6	
			农业企业会计★	3	48						6
			金融保险业务核算▲	3	45				3		
			农村金融▲	2	30			2			
			会计专题▲	3	45				3		
			小　计	9	153	3	2	4			
	职业实践能力		社会实践	3.5	60	假期2周					
			基础会计实训	1.5	36		2				
			技能考证专项训练	3	48	2周					
			财务会计实训	2.5	42				2		
			会计综合模拟实训	6	96					4周	
			顶岗实习(假期8周)	24	384					8+8	
			毕业实习	21	336						14周
			毕业论文	6	96						4周
			顶岗实习、毕业实习应取得学院顶岗实习证书。								
			小　计								
职业证书	会计从业资格证		财经法规与会计职业道德	2	38	2					
			基础会计★	7	114	6					
	会计电算化证		会计电算化★	3.5	57			3			
	初级会计师考证		财务会计(上)(初级会计实务)★	4.5	72			4			
			初级会计师职称考试培训▲(经济法基础)	2	30					2	

课程分类	项目	课程编号	课程名称	学分	计划学时	各学期周数、学时分配					
						1 19周 19/0	2 18周 18/0	3 19周 19/0	4 21周 21/0	5 20周 20/12	6 18周 18/18
职业证书	中级会计师考证		财务会计(下)(中级会计实务)★	4.5	76			4			
			经济法★	3	54			3			
			财务管理(财务管理实务)★								
	ERP考证		用友ERP认证培训	1.5	20					4*5	
	英语考证		大学英语★	8	148	4	4				
	计算机考证		计算机应用基础★	3	57	3					
		小　计									
职业岗位	统计岗位		统计学	3.5	57						
	报税岗位		企业纳税会计★	5	84				4		
	审计岗位		审计理论与实务★	5	84				4		
	成本核算岗位		成本核算	3.5	57			3			
	会计主管岗位		管理会计	5	84				4		
			财务预测与决策▲	2	30				2		
	理财岗位		个人理财▲	2	30		2				

　　出纳员岗位已包含在财务会计(上)考证课程中;往来结算核算岗位、财产物资核算员岗位、资金核算员岗位、财务成果核算员岗位已包含财务会计(上)(下)考证课程中;会计电算化岗位已包含在会计电算化考证课程中;外贸会计岗位已包含在外贸会计课程中等。

| | | 小　计 | | | | | | | | | |
| | | 合　计 | | | | | | | | | |

注:1. ★号为考试课程;2. ▲号为专业选修课。

二、职业范围

序号	就业岗位	相关技能与职业资格证书
1	出　纳	1. 计算机基础知识和应用能力（一级，必须），浙江省教育厅颁发。
2	会　计	
3	审　计	2. 浙江省大学英语（高等学校英语应用能力 B 级，必须），浙江省教育厅颁发。
4	成本核算	
5	财务管理	3. 会计从业资格证书（必须），财政部颁发。
6	纳税申报	4. 会计电算化证书（必须），浙江省财政厅颁发。
7	会计电算化	5. 初级会计证书（鼓励），浙江省人事厅颁发。
8	会计主管	6. 会计基本技能证书（鼓励），学院颁发。
9	外贸会计	7. 顶岗实习证书（必须），学院颁发。

三、职业能力分析

工作项目	工作任务	职业能力
出纳员岗位	原始凭证的填制、审核 记账凭证的填制、审核 日记账的登记、审核 银行存款余额调节表的填制 点钞、验钞 库存现金收付 银行结算 库存现金、银行存款日记账登记、核对	能熟练办理现金收支结算业务、银行转账结算业务 能明辨现金和各种银行结算票据的真伪 能按照规定保管现金和各种结算票据 能按照规定登记现金、银行存款日记账 能按照规定核对现金和银行存款 能正确处理在货币资金结算过程中出现的差错 能编制银行存款余额调节表
往来结算核算员岗位	应收及预付款业务核算 应付及预收款业务核算 应交税费业务核算 债务重组业务核算	能依据各项经济业务原始凭证进行会计处理 能登记往来结算相关的明细账 能登记往来结算相关的总账
财产物资核算员岗位	存货业务核算 固定资产业务核算 无形资产业务核算 投资性房地产业务核算 非货币性资产交换业务核算	能依据各项经济业务原始凭证进行会计处理 能登记固定资产明细账 能登记存货数量金额式明细账 能登记财产物资相关的总账

工作项目	工作任务	职业能力
资金核算员岗位	负债筹集业务核算 权益筹集业务核算 金融资产业务核算 长期股权投资业务核算	能依据各项经济业务原始凭证进行会计处理 能登记负债业务明细账 能登记权益业务明细账 能登记金融资产业务明细账 能登记长期股权投资业务明细账 能登记资金核算相关的总账
成本核算员岗位	归集和分配各项生产费用 计算完工产品与在产品成本 进行成本和费用的账务处理 编制成本分析报告	能正确使用品种法、分批法、分步法等成本核算方法 能依据各项经济业务原始凭证进行会计处理 能登记成本明细账 能登记成本核算相关的总账 能编制成本计算表
财务成果核算员岗位	收入业务核算 费用业务核算 利润及利润分配业务核算	能依据各项经济业务原始凭证进行会计处理 能登记收入业务明细账 能登记费用业务明细账 能登记利润及利润分配业务业务明细账 能登记财务成果核算相关的总账
会计主管岗位	会计稽核 编制会计报表 会计报表分析 会计调整 手工建账、填制会计凭证、登记账簿等 财务预测与决策、管理与控制	能进行手工建账、填制会计凭证、登记账簿等 能进行会计凭证、账簿、报表的稽核 能进行会计账目的调整 能进行财务会计报告的编制 能进行会计报表分析 能进行财务预测与决策、管理与控制
会计电算化岗位	电算化建账 电子记账凭证编制 资金日报表形成 记账凭证审核与记账 UFO报表编制	能熟练操作财务软件 能自主学习会计、计算机、网络、管理等知识、新技术。
报税岗位	计算和申报增值税 计算和申报营业税 计算和申报消费税 计算和申报企业所得税 计算和申报个人所得税等税费	能熟练进行企业税费的计算和申报 能办理税务登记 能申请购领发票 能配合税务检查 能办理出口退税 能申请减免税 能进行基本税务筹划

续表

工作项目	工作任务	职业能力
财务管理岗位	制定企业筹资方案 制定企业投资方案 制定企业收益分配方案 编制财务预算	能制定企业筹资方案 能制定企业投资方案 能制定企业收益分配方案 能编制财务预算
审计岗位	拟定审计方案 审计具体报表项目 撰写审计报告	能拟定审计方案 能撰写审计报告
外贸会计岗位	外币业务核算 出口业务核算 进口业务核算 税金及进出口退税核算 汇兑损益的核算 外币报表编制	能进行进出口业务的会计核算 能办理出口退税业务 能办理收汇、结汇、付汇业务 能办理海关进出口报关 能编制外币报表
统计岗位	统计数据的采集 统计数据的整理 统计报表编制 总量指标和相对指标、平均指标和标志变异指标、时间数列分析、统计指数、抽样调查及相关分析和回归分析等分析方法。	能设计统计调查表 能编制统计整理表 能编制各类统计报表 能熟练操作统计软件 能利用各种统计方法进行分析
理财岗位		

四、主要课程职业能力安排

项目名称	课程	学期	主要内容及要求	实训成果
会计职业基础能力训练	基础会计 基础会计实训	1—2	主要内容包括采购环节的会计核算;销售环节的会计核算;生产环节的会计核算。要求能达到准确进行企业基本经济业务会计核算和账务处理要求。	会计凭证 会计账簿 会计报表
会计岗位核算能力训练	财务会计 财务会计实训 会计书写与制单	2—3	主要内容包括出纳员岗位的会计核算;往来结算核算员岗位的会计核算;财产物资核算员岗位的会计核算;资金核算员岗位的会计核算;成本核算员岗位;财务成果核算员岗位;会计主管岗位的会计核算。要求能达到准确进行企业日常经济业务会计核算和账务处理要求。	会计凭证 会计账簿 会计报表

项目名称	课程	学期	主要内容及要求	实训成果
出纳岗位训练	基础会计 基础会计实训	3	主要内容包括办理现金收付款业务;办理现金的送存与提取业务;办理支票、汇票、本票收付款业务;办理兑付、委托收款业务;编制现金报告单。要求能达到能熟练办理货币资金业务的要求。	记账凭证 现金日记账 银行存款日记账 现金报告单
会计电算化岗位训练	会计电算化	3	主要内容包括电算化建账;电子记账凭证编制;资金日报表形成;记账凭证审核与记账;UFO报表编制。要求能达到熟练运用企业财务会计软件的要求。	电算化会计档案 会计电算化初级证书
成本核算岗位训练	成本核算	3	主要内容包括归集和分配各项生产费用;计算完工产品与在产品成本;进行成本和费用的账务处理;编制成本分析报告;要求能达到熟练进行产品成本的计算和编制成本分析报表的要求。	费用分配表 产品成本计算单 记账凭证 成本明细账和总账 成本分析报告
审计岗位训练	审计理论与实务	4	主要内容包括拟定审计方案,审计具体报表项目;撰写审计报告;要求能达到熟练进行年度会计报告审计的要求。	审计工作底稿 审计报告
会计主管岗位训练	会计综合模拟实训管理会计 财务预测与决策	5 4 4	主要内容包括手工建账;填制会计凭证;登记账簿;编制会计报表;会计稽核;会计报表分析;会计调整;财务预测与决策、管理与控制;要求能达到熟练进行企业日常经济业务会计核算和账务处理要求。	会计凭证 会计账簿 会计报表 会计分析
报税岗位训练	企业纳税会计	4	主要内容包括计算和申报增值税;计算和申报营业税;计算和申报消费税;计算和申报企业所得税;计算和申报个人所得税等税费。要求能达到熟练进行企业税费的计算和申报的要求。	增值税纳税申报表 消费税纳税申报表 营业税纳税申报表 所得税纳税申报表
财务管理能力训练	财务管理	3	主要内容包括制定企业筹资方案;制定企业投资方案;制定企业收益分配方案;编制财务预算。要求能达到熟练进行筹资、投资和分配等财务事项的要求。	筹资方案 投资方案 收益分配方案

综合职业能力视野下的高职会计专业
学生专业技能培养研究

第三章

续表

项目名称	课程	学期	主要内容及要求	实训成果
企业统计岗位训练	统计学	3	主要内容包括能进行统计数据的采集；统计数据的整理；统计报表编制；能掌握总量指标和相对指标、平均指标和标志变异指标、时间数列分析、统计指数、抽样调查及相关分析和回归分析等分析方法。要求能达到熟练设计统计调查表；编制统计整理表；编制各类统计报表；熟练操作统计软件；利用各种统计方法进行分析的要求。	统计调查表 统计整理表 统计报表 统计分析
财会专业英语能力训练	会计英语	4	主要内容包括能识别会计专业英语词汇；能读懂外文会计档案。要求能达到熟练应用财会专业英语进行交流的要求。	英语翻译报告 外文报表编制与分析
外贸会计岗位训练	外贸会计	5	主要内容包括能进行外币业务核算；出口业务核算；进口业务核算；税金及进出口退税核算；汇兑损益的核算；外币报表编制，要求能熟练进行进出口业务的会计核算；办理出口退税业务；办理收汇、结汇、付汇业务；办理海关进出口报关；编制外币报表的要求。	会计凭证 会计账簿 会计报表
农业企业会计岗位训练	农业企业会计	5	主要内容包括农业企业资产、负债、所有者权益、收入、费用和利润的核算；农业生产成本核算；农业企业税收的核算和优惠政策等。要求能达到准确进行农业企业基本经济业务会计核算和账务处理要求。	会计凭证 会计账簿 会计报表
商品流转岗位训练	商品流转核算	5	主要内容包括商品流转的会计核算方法；商品购进、商品销售的确认和计量方法；批发商品流转的核算——数量进价金额核算法；零售商品流转的核算——售价金额核算法；小规模纳税人商品流转的核算。要求能达到准确进行商品流转企业基本经济业务会计核算和账务处理要求。	会计凭证 会计账簿 会计报表
珠算技能训练	珠算	2	主要内容包括珠算的加、减、除训练。要求能达到在规定时间内准确完成计算的要求。	珠算等级证书 会计基本技能证书
点钞技能训练	点钞及伪钞鉴别	1	主要内容包括单指单张、多指多张的点钞。要求能达到在5分钟内准确地清点规定钞券把数的要求。	会计基本技能证书
伪钞鉴别技能训练			主要内容包括第四、五套人民币及主要外币的防伪特征；掌握假币收缴与鉴定的基本操作规程。要求能达到熟练进行假钞识别的要求。	会计基本技能证书

项目名称	课程	学期	主要内容及要求	实训成果
汉字录入技能训练	综合计算技术 会计电算化	2	主要内容包括中文单字输入、文章输入;要求能达到在规定时间准确输入中文的要求。	会计基本技能证书
小键盘数字录入技能训练			主要内容包括盲打小键盘;快速、准确输入数字;要求能达到在规定时间快速、准确输入数字的要求。	会计基本技能证书
会计书写技能训练	会计书写与制单	3	主要内容包括阿拉伯数字书写、中文大写数字书写;要求能达到会计基础工作规范对数字、汉字的书写要求。	会计基本技能证书
会计制单技能训练			主要内容包括填制支票、汇票、本票等银行结算单据;填制增值税发票、普通发票、借款单、差旅费报销单等常用单据。要求能达到在规定时间完成给定单据的准确、完整、规范填写。	会计基本技能证书
计算器使用技能	综合计算技术	2	主要内容包括计算器的基本结构;计算器主要功能键使用;计算器操作知识与指法;计算器数字小键盘录入技术。要求能达到在规定时间准确输入数字的要求。	会计基本技能证书

五、职业资格证书课程安排

项目名称	课程	学期	说明	要求
会计基本技能证	会计书写与制单	3	学院基本技能证书	鼓励取得
	点钞及伪钞鉴别	1		
	综合计算技术	2		
	珠算	2		
	会计基本技能校本认证	3		
会计电算化证	会计电算化	3	浙江省财政厅颁发	必须取得
会计从业资格证	财经法规与会计职业道德 基础会计	3	浙江省财政厅颁发	必须取得
	会计电算化或珠算普通5级	1		
初级会计师证	初级会计实务(基础会计、财务会计)	2—3	浙江省人事厅颁发	鼓励取得
	经济法基础(经济法)	2		
中级会计师考证	中级会计实务(财务会计、成本会计)	3	浙江省人事厅颁发	鼓励取得
	经济法	2		
	财务管理	3		

续表

项目名称	课　　程	学期	说　　明	要　　求
顶岗实习证书	顶岗实习 毕业实习	5 6	学院顶岗实习证书	必须取得
英语等级证书	大学英语	1—2	高等学校英语应用能力 B 级，浙江省教育厅颁发	必须取得
计算机等级证书	计算机应用基础	1	省高校计算机等级考试级，浙江省教育厅颁发	必须取得

第四章

综合职业能力视野下的
高职会计专业学生专业知识培养

第一节　综合职业能力视野下的高职会计专业培养方案

浙江农业商贸职业学院专业人才培养方案

会计专业人才培养方案

（适用于普高生）

（专业代码：(2011)620203）

一、招生对象与学制

1. 招生对象：普通高中毕业生

2. 学制：全日制三年

二、培养目标

本专业主要培养面向中小企业财会一线岗位，能掌握出纳、会计、成本核算、报税、审计等岗位业务，熟悉企业会计核算、纳税申报、成本核算、年报审计等日常经济业务处理的基本知识与操作技能，能胜任出纳、会计、审计等工作岗位，有职业生涯发展基础的高素质技能型复合型会计人才。

1. **职业岗位**

本专业主要工作岗位是：出纳岗位、会计核算岗位、会计管理岗位、财务管理岗位、会计监督岗位等，具体可分解为下列岗位：

序号	就业岗位	相关技能与职业资格证书
1	出纳	1. 计算机基础知识和应用能力（一级），浙江省教育厅颁发。
2	会计	2. 浙江省大学英语（高等学校英语应用能力B级），浙江省教育厅颁发。
3	审计	3. 会计从业资格证书，财政部颁发。
4	成本核算	4. 会计电算化证书，浙江省财政厅颁发。
5	财务管理	5. 会计基本技能证书，学院颁发。
6	纳税申报	
7	会计电算化	
8	会计主管	
9	其他财经岗位	

2. 培养规格

（1）知识

◆ 掌握会计法、税法、票据法等相关财经法规的基础知识；掌握会计人员职业道德的基本要求。

◆ 掌握出纳工作守则的基本要求和票据、现金、银行存款和外汇等日常业务核算和管理的基本知识。

◆ 掌握工商等企业的资产、负债、所有者权益、收入、费用和利润的会计核算方法及会计报表的编制方法。

◆ 掌握材料费用、人工费用、辅助生产费用和制造费用等费用的归集和分配方法；掌握生产费用在完工产品和在产品之间分配方法；掌握品种法、分步法、分批法等核算方法；

◆ 掌握企业项目投资决策、证券投资决策、资产管理、资金筹集和收益分配的基本方法；掌握货币时间价值、风险价值、资金成本等的计算方法。

◆ 掌握会计电算化的初始化及总账、固定资产、工资、应收和应付账款等模块的基本操作方法。

◆ 掌握办理税务登记事务的基础知识；掌握增值税、营业税、企业所得税、个人所得税等税种的计算方法和纳税申报程序。

◆ 掌握审计的基本知识；掌握各个审计循环的符合性测试和各个报表项目实质性测试的审计方法。

◆ 掌握金融、理财、计算机日常操作和互联网运用的基础知识及基础英语和专业英语等与本专业岗位相关的基本知识。

（2）能力

◆ 具备开具各类票据、正确处理各类货币资金的日常业务和准确登记账簿的能力。

◆ 具备识别原始凭证、填制记账凭证、登记账簿、期末对账和报表编制及分析的能力。

◆ 具有主要行业企业会计各环节的核算技能。

◆ 具备选择恰当的成本核算方法进行产品成本核算、成本控制和成本管理的能力。

◆ 具备运用财务管理的基本方法进行投资、筹资、分配决策和编制财务预算、实施财务控制的能力。

◆ 具备利用会计电算化软件建立账务应用环境和选择与运用财务专用模块进行账务处理的能力。

◆ 具备一定的阅读和翻译专业英文资料及听、说、写的能力。

◆ 熟悉计算机和互联网知识的应用，能利用计算机工具进行专业相关信息处理和专业业务处理。

（3）素质

◆ 具有诚信、敬业、严谨、细致的职业素质。

◆ 具有良好的人际沟通能力、团队协作意识、较好的心理素质。

◆ 具有严格执行会计、财务相关法律法规的态度。

◆ 具有不断学习新知识、接受新事物的进取精神、良好的职业道德和健全的体魄

◆ 具有主动、热情、耐心的服务意识。

三、职业能力分析

序号	职业岗位	工作任务	职业能力
1	出纳员岗位	原始凭证的填制、审核 记账凭证的填制、审核 日记账的登记、审核 银行存款余额调节表的填制 点钞、验钞 库存现金收付 银行结算 库存现金、银行存款日记账登记、核对	能熟练办理现金收支结算业务、银行转账结算业务 能明辨现金和各种银行结算票据的真伪 能按照规定保管现金和各种结算票据 能按照规定登记现金、银行存款日记账 能按照规定核对现金和银行存款 能正确处理在货币资金结算过程中出现的差错 能编制银行存款余额调节表
2	往来结算核算员岗位	应收及预付款业务核算 应付及预收款业务核算 应交税费业务核算 债务重组业务核算	能依据各项经济业务原始凭证进行会计处理 能登记往来结算相关的明细账 能登记往来结算相关的总账
3	财产物资核算员岗位	存货业务核算 固定资产业务核算 无形资产业务核算 投资性房地产业务核算 非货币性资产交换业务核算	能依据各项经济业务原始凭证进行会计处理 能登记固定资产明细账 能登记存货数量金额式明细账 能登记财产物资相关的总账
4	资金核算员岗位	负债筹集业务核算 权益筹集业务核算 金融资产业务核算 长期股权投资业务核算	能依据各项经济业务原始凭证进行会计处理 能登记负债业务明细账 能登记权益业务明细账 能登记金融资产业务明细账 能登记长期股权投资业务明细账 能登记资金核算相关的总账
5	成本核算员岗位	归集和分配各项生产费用 计算完工产品与在产品成本 进行成本和费用的账务处理 编制成本分析报告	能正确使用品种法、分批法、分步法等成本核算方法 能依据各项经济业务原始凭证进行会计处理 能登记成本明细账 能登记成本核算相关的总账 能编制成本计算表

序号	职业岗位	工作任务	职业能力
6	财务成果核算员岗位	收入业务核算 费用业务核算 利润及利润分配业务核算	能依据各项经济业务原始凭证进行会计处理 能登记收入业务明细账 能登记费用业务明细账 能登记利润及利润分配业务业务明细账 能登记财务成果核算相关的总账
7	会计主管岗位	会计稽核 编制会计报表 会计报表分析 会计调整 手工建账、填制会计凭证、登记账簿等 财务预测与决策、管理与控制	能进行手工建账、填制会计凭证、登记账簿等 能进行会计凭证、账簿、报表的稽核 能进行会计账目的调整 能进行财务会计报告的编制 能进行会计报表分析 能进行财务预测与决策、管理与控制
8	会计电算化岗位	电算化建账 电子记账凭证编制 资金日报表形成 记账凭证审核与记账 UFO报表编制	能熟练操作财务软件 能自主学习会计、计算机、网络、管理等新知识、新技术。
9	纳税申报岗位	计算和申报增值税 计算和申报营业税 计算和申报消费税 计算和申报企业所得税 计算和申报个人所得税等税费	能熟练进行企业税费的计算和申报 能办理税务登记 能申请购领发票 能配合税务检查 能办理出口退税 能申请减免税 能进行基本税务筹划
10	财务管理岗位	制定企业筹资方案 制定企业投资方案 制定企业收益分配方案 编制财务预算	能制定企业筹资方案 能制定企业投资方案 能制定企业收益分配方案 能编制财务预算
11	审计岗位	拟定审计方案 审计具体报表项目 撰写审计报告	能拟定审计方案 能撰写审计报告

续表

序号	职业岗位	工作任务	职业能力
12	外贸会计岗位	外币业务核算 出口业务核算 进口业务核算 税金及进出口退税核算 汇兑损益的核算 外币报表编制	能进行进出口业务的会计核算 能办理出口退税业务 能办理收汇、结汇、付汇业务 能办理海关进出口报关 能编制外币报表
13	统计岗位	统计数据的采集 统计数据的整理 统计报表编制 总量指标和相对指标、平均指标和标志变异指标、时间数列分析、统计指数、抽样调查及相关分析和回归分析等分析方法。	能设计统计调查表 能编制统计整理表 能编制各类统计报表 能熟练操作统计软件 能利用各种统计方法进行分析

四、职业资格证书

序号	证书全称	等级	颁证机构	获证要求 （必、选考）	考证学期
1	计算机基础知识和应用能力	一级	浙江省教育厅颁发。	必考	2
2	浙江省大学英语	高等学校英语应用能力B级	浙江省教育厅颁发。	必考	2
3	会计电算化证书，	初级	浙江省财政厅颁发。	必考	3
4	会计从业资格证书	初级	财政部颁发	选考	2
5	统计证	初级	国家统计局	选考	3
6	会计基本技能证书	院级	学院	选考	4

五、专业核心课程

序号	课程名称	主要教学内容与要求	技能考核项目与要求	参考学时
1	基础会计	● 原始凭证真实性、合法性、合规性和完整性的审查。达到准确识别原始凭证的要求。 ● 记账凭证完整、准确的填制。达到完成简单的采购、生产和销售业务凭证编制的要求。 ● 日记账、明细账、总账的登记。达到准确完成登记各类账簿的要求。 ● 会计账务处理流程运用。达到熟练选择账务处理流程进行经济业务处理的要求。	● 原始凭证审核、记账凭证编制、账簿登记、错账更正、业务凭证的装订与保管。能达到对简单的采购、生产和销售业务进行熟练账务处理的要求。 ● 能达到院级会计基本技能证书定级要求。	102
2	财务会计	● 货币资金、应收款项、存货、金融资产、长期股权投资、固定资产、无形资产等资产类要素的核算方法。达到准确完成资产类会计要素核算的要求。 ● 应付款项、金融负债、应付债券等负债类要素的核算方法。达到准确完成负债会计要素核算的要求。 ● 实收资本、股本、资本公积、留存收益等权益类要素的核算方法。达到准确完成权益类会计要素核算的要求。 ● 主营业务收入、主营业务成本、其他业务收入、其他业务成本、投资收益、公允价值变动损益、资产减值损失、营业外收入和支出等损益类要素的核算方法。达到准确完成损益类会计要素核算的要求。 ● 主营业务利润、其他业务利润、营业利润、利润总额、所得税、净利润等损益类要素的核算方法。达到准确完成损益类会计要素核算的要求。	● 资产类会计要素核算方法和账务处理程序的运用。能达到对资产类会计要素进行熟练账务处理程序的要求。 ● 负债类会计要素核算方法和账务处理程序的运用。能达到对负债类会计要素进行熟练账务处理程序的要求。 ● 权益类会计要素核算方法和账务处理程序的运用。能达到对权益类会计要素进行熟练账务处理程序的要求。 ● 收入、费用会计要素核算方法和账务处理程序的运用。能达到对损益类会计要素进行熟练账务处理程序的要求。 ● 利润会计要素核算方法和账务处理程序的运用。能达到对损益类会计要素进行熟练账务处理程序的要求。	108

续表

序号	课程名称	主要教学内容与要求	技能考核项目与要求	参考学时
3	会计电算化	● 会计电算化的初始化及总账、固定资产、工资、应收和应付账款、报表等模块的基本操作。达到能利用会计电算化软件建立账务应用环境,选择与运用财务专用模块完成业务账务处理工作的要求。	● 中文输入、会计电算化软件操作。浙江省财政厅颁发会计电算化合格证书要求的等级标准。 ● 能达到院级会计基本技能证书定级要求。	72
4	成本核算	● 材料费用、人工费用、辅助生产费用和制造费用归集、分配和管理方法。达到准确分配料工费的要求。 ● 生产费用的在完工产品和在产品之间分配方法。达到准确分配生产费用的要求。 ● 分批法、品种法和分步法的核算方法。达到准确采用产品成本核算方法进行账务处理的要求。	● 材料费用分配表的编制、人工费用分配表的编制、制造费用分配表的编制。能达到准确编制要素分配表的要求。 ● 产品成本计算单编制。能达到准确计算产品成本的要求。 ● 记账凭证编制、成本账簿登记、业务凭证的装订与保管。能达到熟练对企业产品成本进行账务处理的要求。	54
5	财务管理	● 企业项目投资决策。达到运用货币时间价值、净现值、内含报酬率等评价指标准确进行项目投资决策的要求。 ● 证券投资决策。达到运用货币时间价值、风险价值、资金成本等评价指标准确进行证券投资决策的要求。 ● 资产管理。达到运用存货最佳经济批量、应收账款机会成本、现金最佳持有量等评价指标准确进行资产管理决策的要求。 ● 资金的筹集决策。达到运用货币时间价值、风险价值、资金成本等评价指标准确进行资金的筹集决策的要求。	● 复利现值和终值计算、年金现值和终值计算、风险价值计算、资金成本计算、净现值计算、内含报酬率计算、回收期计算。能达到熟练进行投资、筹资和分配方案的决策。 ● 存货最佳经济批量计算、应收账款机会成本计算、现金最佳持有量计算。能达到准确制定资产管理方案的要求。具备一定的沟通能力和文字书写能力。	72

序号	课程名称	主要教学内容与要求	技能考核项目与要求	参考学时
6	企业纳税会计	● 计算和申报增值税。 ● 计算和申报营业税。 ● 计算和申报消费税。 ● 计算和申报企业所得税。 ● 计算和申报个人所得税等税费。 ● 要求能达到熟练进行企业税费的计算和申报的要求。	● 增值税纳税申报表、消费税纳税申报表、营业税纳税申报表、所得税纳税申报表的填制。 ● 能达到院级会计基本技能证书定级要求。	72
7	审计理论与实务	● 审计风险评估、审计计划拟定。达到准确评估审计风险和完整拟订审计计划的要求。 ● 各审计循环的符合性测试。达到运用各种审计方法完成内控测试的要求。 ● 各报表项目的实质性测试等审计方法。达到运用各种审计方法完成报表项目金额测试的要求。 ● 审计报告编写。达到根据审计结果准确撰写审计报告的要求。	● 审计风险评估、审计计划拟定。能达到熟练开展计划阶段审计工作的要求。 ● 符合性测试、实质性测试。能达到熟练开展实施阶段审计工作的要求。 ● 审计报告撰写。能达到熟练开展报告阶段审计工作的要求，具备一定的沟通能力和文字书写能力。	72
8	会计综合模拟实训	● 手工做账的方法和程序。达到熟练和准确手工做账的要求。 ● 利用会计综合软件对企业日常经济业务进行分岗位账务处理的方法和程序。达到熟练运用财务软件，准确进行会计做账的电算化操作要求。	● 出纳核算岗、存货核算岗、往来结算核算岗、成本费用核算岗、固定资产核算岗、总账报表核算岗的日常业务处理。能达到手工和利用会计综合软件对企业日常经济业务分岗位进行熟练账务处理的要求。	96

六、教学进程表

附件 1:会计专业教学进程表

七、学期周数分配表

学期	课堂教学	校内综合实训	认知实习	顶岗实习	毕业设计/论文	始业、军事、毕业教育	考试	机动	合计
一	14					2	1		17
二	17						1		18
三	17						1		18
四	17						1		18
五	5	4		8			1		18
六	0			12	4	1			17
合计	70	4		20	4	3	5		106

八、职业技能训练安排表

序号	课程或实践项目	学期	周数或（学时数）	主要内容及要求	地　点	考核方法
1	点钞及伪钞鉴别	1	17		实训室	考　查
2	基础会计实训	2	36	小企业做账实训	实训室	考　查
3	社会实践	2	48		企业	考　查
4	综合计算技术	2	36		机房	考　查
5	技能考证专项训练	2	48	会计上岗证考前培训	财政局	校外定级
6	财务会计实训	3	36	会计岗位实训	实训室	考　查
7	会计电算化	3	72		财税干校	校外定级
8	会计综合模拟实训	5	96	做账综合实训	实训室	考　查
9	顶岗实习	5	384		企业	考　查
10	毕业实习	6	312		企业	考　查
11	毕业论文	6	96	经论文评审领导小组评审通过	校内	评　审

九、课程教学课时结构

类别		学时数	合计	比例(%)
理论教学	公共课程	642	1416	47
	专业课程	774		
实践教学	课内实践	222	1353	45
	实训实习	339		
	毕业设计 顶岗实习	792		
选修		260	260	8
总学时:			3029	

十、毕业规定

该专业学生毕业前至少应获得 140 学分,其中应获得必修 133 学分、公共选修课 8 学分、专业选修课 12 学分。完成教学计划规定的课程学习,达到基本考核要求,成绩合格,取得毕业证书;达到会计上岗要求,取得会计电算化证或会计从业资格证书、统计证。

十一、必要的说明

1. 本教学计划中的各课程教学进程,可按当时实际情况作适当调整。

2. 综合计算技术 2 节/周。

十二、附件

1. 会计专业教学进程表

2. 专业人才需求分析

3. 培养方案实施要求(校内、外实训基地建设方案,师资保障等)

参与培养方案制订主要人员姓名、工作单位、职务职称、承担任务

序号	姓名	工作单位	职务职称	承担任务
1	胡苗忠	浙江农业商贸职业学院	副教授	审核
2	邵佳佳	浙江农业商贸职业学院	讲师	执笔人
3	薛 晶	浙江农业商贸职业学院	会计师	格式调整

续表

序号	姓名	工作单位	职务职称	承担任务
4	许永斌	浙江工商大学	院长、教授、博士生导师	专指委
5	余伟东	绍兴兴业会计师事务所	高级会计师、注册会计师、注册税务师、注册评估师、副所长	专指委
6	吴来祥	浙江红绿蓝纺织印染有限公司	财务总监、国际注册会计师	专指委
7	陈红斌	浙江三鼎建设集团有限公司	财务总监、会计师	专指委
8	赵　涛	绍兴中兴税务师事务所有限公司	注册税务师、会计师、主任	专指委
9	鲍先芳	浙江中兴会计师事务所	高级会计师、主任	专指委
10	张小晴	绍兴市第七人民医院	高级会计师、财务科长	专指委

2011 年 7 月 1 日

说明：1. 版面字体要求：

版面：A4 纸，页边距上下左右为 2.5 厘米，行距为 20 磅

字体：一级标题为四号宋体加粗，其他为小四号宋体

2. 专业教学进程表、专业人才需求分析、培养方案实施要求另附

附　件

附件 1：会计专业教学进程表

见第三章第六节内容。

附件 2：专业人才需求分析

随着我国市场经济的不断发展和进一步规范，GDP 的快速增长，特别是中国加入了 WTO 以后，金融体制的改革，各项新的会计准则的出台，现代财务制度的建立，使会计业务越来越复杂，企业迫切需要中高级会计人才，也预示着中高级会计专业人才有良好的专业前景。

目前，我国会计从业人员人数众多，但有学历，有职称者比重偏低，特别是中高级会计人员比重较小，尤为短缺。据有关资料统计：我国目前会计从业人员共 1300 万，从年龄结构上看，25 岁以下者占 16%，45 岁以上者占 14%，从学历结构上看：其中大专以上学历者占 6.5%，无学历者占 76.4%。目前，除国有企、事业单位会计人员相对学历较高，岗位合理外，其余会计人员中高级职称或大专以上学历者，特别是农村几乎为零，就连中专学历者也相对较少。另据资料预测，到 2010 年全国会计人员总量将

增加到 1500 万左右,市场需求量约 300 万人。

据省人才交流中心对上半年人才引进、交流统计数据分析显示,2010 年上半年我省人才市场开局大好,各类专业、层次人才需求全面看涨。2010 年上半年,有 12000 余家企事业单位通过专业服务平台发布各类岗位 22.6 万个,招聘单位和需求岗位分别上涨 27.49% 和 33.43%,需求排名前十五位的岗位分别是贸易销售客服类、经营管理类、计算机互联网、公关广告会展类、技工类、建筑房地产类、行政人事文职类、财务审计金融类、电子(气)通讯类、机械工程技术类、旅游餐饮娱乐类、教育文体传类、医护卫生保健类、规划设计类、纺织服装类。财务审计金融类位居第八位。

浙江省人才市场不仅成为浙江地区集聚人才和提供交流服务的中心,同时也开始辐射到其他周边省市,范围甚至包括了京津地区、内陆省份和东南沿海在上半年招聘的 12000 余家单位中,来自上海、北京、江苏、广东等外省市的企业单位占到 11.2%,并且还有进一步上升的趋势。统计数据显示,网上招聘和交流成为第一需求。上半年通过 www.zjrc.com 发布招聘信息的单位同比增长 31.3%,提供岗位更是增长 54.1%,访问量达到 2390 万人次,同时在线求职人数达 20.3 万人。目前,该网站已开通杭州、温州、湖州、嘉兴以及陕西等省内外城市,登记求职人员增长了 7.6%。

浙江经济的快速发展和产业结构的不断升级,对中高级人才需求必然增加。省人才交流中心目前中高级人才储备信息达到 11 万余份,常年保持联系和沟通的近 2 万人,具有国家职业经理人资质的高级人才 1000 多人。从上半年中高级人才交流服务中可以看出,各类中高级专业人才洽谈成功率也有所不同,资料显示:财务、人力资源管理和营销类人才洽谈成功率最高,达到 50% 以上。

显然,从我市我省乃至全国,今后相当长的时间要逐步减少无学历会计人员的比例,提高中专、大专以上学历的从业人员的比例,是职业教育的一项重大任务。因此,我们开设会计专业,培养中高层次的会计人才方向正确,非常必要。

高职会计专业分析以就业面向定位和会计职业分析为基础,就业面向定位主要确定学生就业面向领域,解决"为谁培养人"的问题,是确定专业目标的基础与依据。会计职业分析主要确定会计岗位划分、岗位任务、会计业务处理工作流程等问题,解决"培养什么人"的问题,是专业课程开发的基础和依据。

(一)高职会计专业就业面向定位

根据高职教育培养高素质的技能型人才的总体目标,高职会计专业的就业面向应定位为中小型企业、非营利组织、社会中介机构。

选择上述领域作为高职会计专业就业面向领域基于双方的契合。一方面中小型企业等单位在会计工作中需要一大批既具有高尚的职业道德和严谨的职业态度,又具备扎实的专业知识、熟练的职业技能和良好的团队精神,并且具有知识的迁移能力和可持续发展能力的会计职业人才,但由于中小型企业经济业务相对于大型企业、上市公司而言较简单,且自身发展空间不大,不能长久吸引本科等更高层次的会计人才,使其在人才选择渠道上更倾向于从高职会计专业选拔人才;另一方面,高职会计专业教育立足于会计职业岗位任务和工作过程分析,所培养的人才具有较强的实践性、职业性和综合性,能够满足中小型企业对人才的现时需求并具有较强的持续发展能力。因此,将高职会计专业就业面向定位于中小型企业、非营利组织、会计师事务所是高职会计专业发展高职特色教育、保障教学质量和就业率的必然选择。

高职会计专业就业面向的定位要求高职会计专业学生必须具备在中小型企业等单位一人多岗、多岗兼顾的能力。

(二)会计职业岗位分析

会计职业岗位主要包括:出纳岗位、会计核算岗位、审计岗位、成本核算岗位、财务管理岗位、纳税申报岗位、会计电算化岗位和会计主管岗位。会计职业是通过对单位资金运动过程中的数据进行采集、加工、整理、传输,连续、系统、综合、完整地反映单位资金运动的全过程,并生成反映单位财务状况、经营成果、现金流量、所有者权益变动等信息,从而为会计信息需求者进行管理和决策提供客观信息,以达到实时控制现在,准确预测未来,做出正确决策的目的。

出纳岗位:办理现金收支、银行转账、日记账登记、现金保管、银行存款核对以及银行账户管理等业务。

会计核算岗位:处理资产核算、权益核算、收益核算、税费计算与申报、产品成本计算与分析、企业财务会计报告编报等业务。

审计岗位:参与处理单位内部年度审计计划的编制、日常经济业务合理合法效益性审计、年度审计报告的编制等业务;协助处理社会中介机构签订审计约定书、编制项目审计计划、进行业务循环审计、撰写审计报告等业务。

成本核算岗位:主要是归集和分配各项生产费用,计算完工产品与在产品成本,进行成本和费用的账务处理,编制成本分析报告等业务。

财务管理岗位:参与企业内部资金筹集管理、投资业务管理、收益分配管理和全面预算管理等工作。

纳税申报岗位:办理计算和申报增值税、计算和申报营业税、计算和申报消费税、计算和申报企业所得税、计算和申报个人所得税等税费事项。

会计主管岗位:从事会计稽核,编制会计报表,进行会计报表分析及会计调整,参与手工建账、填制会计凭证、登记账簿、会计信息管理、会计制度管理、会计人员管理、会计档案管理等工作。

具备上述会计职业岗位的胜任能力可同时胜任会计师事务所会计代理、会计咨询、审计鉴证岗位工作。

高职会计专业应以上述会计职业岗位作为课程开发的平台,其中,出纳岗位业务、成本核算岗位业务、纳税申报岗位业务、会计核算岗位业务是专业基础能力与核心能力培养的主要载体,会计主管岗位业务是专业综合能力培养的主要载体,财务管理岗位业务、审计岗位业务是会计拓展能力培养的主要载体。

（三）会计专业职业能力分析

职业能力分析表

工作项目	工作任务	职业能力
出纳岗位	原始凭证的填制、审核 记账凭证的填制、审核 日记账的登记、审核 银行存款余额调节表的填制 点钞、验钞 库存现金收付 银行结算 库存现金、银行存款日记账登记、核对	能熟练办理现金收支结算业务、银行转账结算业务 能明辨现金和各种银行结算票据的真伪 能按照规定保管现金和各种结算票据 能按照规定登记现金、银行存款日记账 能按照规定核对现金和银行存款 能正确处理在货币资金结算过程中出现的差错 能编制银行存款余额调节表
会计核算岗位	往来结算核算员岗位： 应收及预付款业务核算 应付及预收款业务核算 应交税费业务核算 债务重组业务核算	往来结算核算员岗位： 能依据各项经济业务原始凭证进行会计处理 能登记往来结算相关的明细账 能登记往来结算相关的总账
	财产物资核算员岗位： 存货业务核算 固定资产业务核算 无形资产业务核算 投资性房地产业务核算 非货币性资产交换业务核	财产物资核算员岗位： 能依据各项经济业务原始凭证进行会计处理 能登记固定资产明细账 能登记存货数量金额式明细账 能登记财产物资相关的总账
	资金核算员岗位： 负债筹集业务核算 权益筹集业务核算 金融资产业务核算 长期股权投资业务核算	资金核算员岗位： 能依据各项经济业务原始凭证进行会计处理 能登记负债业务明细账 能登记权益业务明细账 能登记金融资产业务明细账 能登记长期股权投资业务明细账 能登记资金核算相关的总账
	财务成果核算员岗位： 收入业务核算 费用业务核算 利润及利润分配业务核算	财务成果核算员岗位： 能依据各项经济业务原始凭证进行会计处理 能登记收入业务明细账 能登记费用业务明细账 能登记利润及利润分配业务业务明细账 能登记财务成果核算相关的总账

工作项目	工作任务	职业能力
审计岗位	拟定审计方案 审计具体报表项目 撰写审计报告	能拟定审计方案 能撰写审计报告
成本核算员岗位	归集和分配各项生产费用 计算完工产品与在产品成本 进行成本和费用的账务处理 编制成本分析报告	能正确使用品种法、分批法、分步法等成本核算方法 能依据各项经济业务原始凭证进行会计处理 能登记成本明细账 能登记成本核算相关的总账 能编制成本计算表
财务管理岗位	制定企业筹资方案 制定企业投资方案 制定企业收益分配方案 编制财务预算	能制定企业筹资方案 能制定企业投资方案 能制定企业收益分配方案 能编制财务预算
纳税申报岗位	计算和申报增值税 计算和申报营业税 计算和申报消费税 计算和申报企业所得税 计算和申报个人所得税等税费	能熟练进行企业税费的计算和申报 能办理税务登记 能申请购领发票 能配合税务检查 能办理出口退税 能申请减免税 能进行基本税务筹划
会计电算化岗位	电算化建账 电子记账凭证编制 资金日报表形成 记账凭证审核与记账 UFO 报表编制	能熟练操作财务软件 能自主学习会计、计算机、网络、管理等新知识、新技术。
会计主管岗位	会计稽核 编制会计报表 会计报表分析 会计调整 手工建账、填制会计凭证、登记账簿等 财务预测与决策、管理与控制	能进行手工建账、填制会计凭证、登记账簿等 能进行会计凭证、账簿、报表的稽核 能进行会计账目的调整 能进行财务会计报告的编制 能进行会计报表分析 能进行财务预测与决策、管理与控制

（四）对高职会计专业人才培养的启示

1. 加大专业课程"课证融合"的力度，提高学生双证书获取率和含金量

由本次调研情况显示，企业青睐具有各种专业技能等级证书的毕业生。高职学生在理论水平比不上本科学生，因而要有立足之地，必须体现出实际动手操作能力，而职业证书是最好的说明，如会计证、助理会计师证、办税员证、统计证、会计电算化操作证、计算机等级证、英语等级证、珠算等级证等等。

2. 增设相关选修课程，着力培养学生的综合素质能力

由本次调研情况显示，企业需要具有综合素质的人才，而并非单一的只具备会计专业知识和业务技能的人才。事实上很多会计专业毕业生出去后并没有从事单一的会计工作，有的还要兼做秘书工作、收发工作、日常管理工作、销售工作等，所以具有较多综合素质的会计人员受到企业主的格外欢迎和器重。此外，加强学生沟通能力方面的教育及培养是一个重要课题。会计的性质决定了必须与银行、工商、税务等外界部门进行良好的沟通。为此建议在会计专业人才培养方案中增设相关财经类的专业选修课程和人文类公共选修课，拓展学生职业知识和业务技能，着力加强学生全面综合素质能力的培养。

3. 积极开展形式多样的实践活动，提升学生社会适应能力

企业要求会计人员具备良好就业观念和较好的岗位适应能力。根据调查高职会计专业毕业生在中小企业里工作人数比较多，而中小企业由于自身的条件所限，往往不能给毕业生提供较好的工作环境，这就要求毕业生要有良好的心理素质和吃苦耐劳的品性。学校要让毕业生多了解现实社会，要有多种思想准备，调整自己的就业心态，放弃"工作是享受"的错误观念。学校要积极开展形式多样的工学交替活动，充分利用学生寒、暑假期间积极开展学生认知实习、专业实习等社会实践活动，要让学生了解岗位专业知识、业务技能和职业素质,熟悉工作环境和业务范围,以使学生在毕业后能尽快调整心态,适应岗位的需要。

附件3:培养方案实施要求

一、师资队伍要求

1. 教师任职条件

工学结合人才培养模式实施,必须拥有一支具有先进的职教理念、扎实的理论功底、熟练的实践技能、缜密的逻辑思维能力、丰富的表达方式的教师队伍。为保证人才培养目标的实现,专兼职教师必须满足下列任职条件。

(1)专任教师

①具有高校教师资格证;

②具有会计岗位工作经历,熟悉会计业务;

③精通会计专业的基本理论与知识;

④具有较强的教研与科研能力。

(2)兼职教师

①具有5年以上会计及相关岗位工作经历,有丰富的实际工作经验;

②具有中级以上专业技术职务或在职业技能竞赛中获得奖励;

③具有较强的教学组织能力。

2. 会计专业师资队伍配置

会计专业现有专任教师11名,兼职教师1名,专兼职教师比例为11:1。学校坚持对专业课教师进行实践培训,派出专职教师顶岗实践,鼓励教师参加岗位技能任职资格认证,提供条件鼓励教师外出交流学习、提升学历,使专兼职教师素质不断提高,为人才培养模式实施提供了强有力的智力支撑。

3. 建设要求

建设一支综合职业素质高、技术服务能力强、"双师"素质教师比例高、"双师"结构合理的专兼结合的教学团队,提高教师基于会计岗位工作过程的教学设计能力。

主要途径:引进、内部培养、校企合作。

通过坚持不懈的努力,使教学团队具有硕士及以上学位人员占教师总数的比例能达到70%及以上。具有副高级职务以上的专任教师人数占专任教师的比例能稳定在20%以上。具有双师素质教师占教师总数的比例力争达到50%及以上。聘请行业企业兼职教师若干名,达到高职专业要求比例。

二、校内、外实训基地建设方案

实训基地建设目标:与行业企业合作改建、新建一批能满足岗位的仿真实训室和校内生产性实训的实训基地,建设一批能开展半年以上顶岗实习的校外实习基地。企业全程参与实习质量监控,通过"企业综合考核、学校制度约束、学生自主管理",探索出"企业、学校、学生"共管的顶岗实习模式,有效监控学生顶岗实习全过程。

1. 校内实训基地建设方案

结合实践教学体系构建,会计专业校内实训实践基地应有9个,其中7个为校内仿真性实训室,供专业课程实训及学生专业综合实训。另建2个校内生产性实践基地,金融咨询服务中心及财务咨询公司,为学生提供一个面向校园及社会的全真专业技能服务平台。

序号	实验室名称	建设要求	时间	备注
1	会计综合模拟实训室	120 平方	2010 年上半年	已建
2	会计电算化实训室	120 平方	2011 年上半年	已建
3	会计信息化实训室	120 平方	2011 年下半年	建设中
4	金融综合实训室	120 平方	2011 年上半年	建设中
5	财务沙盘实训室	120 平方	2011 年下半年	建设中
6	ERP 实训室	120 平方	2012 年上半年	规划中
7	现代银行综合业务中心	240 平方	2011 年下半年	规划中
序号	实验室名称	建设要求	时间	备注
1	金融咨询服务中心	沿街	2011 年上半年	建设中
2	东方农贸会计实训基地	120 平方	2011 年下半年	建设中

备注:1. ERP 实训室满足 ERP 认证培训、会计电算化培训考证需要。2. 会计电算化实训室主要满足会计电算化课程教学和考证的需要。3. ERP 实训室主要满足 ERP 认证及比赛培训的需要。4. 会计信息化实训室要购买基础会计、财务会计、税务会计、财务管理、成本会计、外贸会计、审计、会计综合实训、电子报税等实训软件,满足课程单项、综合电子实训需要。5. 会计综合模拟实训室满足会计书写、汉字录入、小键盘数字录入、点钞、伪钞鉴别、会计制单、纳税申报、珠算、常用办公设备操作等技能的校本考证及课程手工实训的需要。

2. 校外实训基地建设方案

建设一批能开展半年以上顶岗实习的校外实习基地。企业全程参与实习质量监控,通过"企业综合考核、学校制度约束、学生自主管理",探索出"企业、学校、学生"共管的顶岗实习模式,有效监控学生顶岗实习全过程。

　　　　　　　　　　　　　公司、企业、银行

校外实训基地建设:　　　　会计师事务所

　　　　　　　　　　　　　事业单位

已有校外实践基地一览表：

浙江农业商贸职业学院会计系校外实习基地一览表

序号	专业	基地名称	协议签订时间	备注
1		绍兴县更生家具有限公司	2010 年 04 月	绍兴县平水镇梅园工业区 5 号
2		绍兴唯尔福妇幼用品有限公司	2010 年 05 月	绍兴袍江工业区南区 D21 号
3		绍兴供销大厦有限公司	2010 年 05 月	绍兴市解放北路 489 号
4		绍兴天盛财务咨询服务有限公司	2010 年 05 月	绍兴市前观巷 154 号（市国税局后面）
5		绍兴市东湖丝绸印花厂有限责任公司	2010 年 05 月	浙江绍兴东湖镇塘下赵村（东湖风景区对面）
6	财经大类各专业	浙江嘉禾房地产开发有限公司	2010 年 07 月	绍兴市会稽路越秀花园
7		绍兴市万通汽车销售服务有限公司	2010 年 08 月	绍兴市城南大道 311 号
8		浙江中兴会计师事务所有限公司	2010 年 05 月	绍兴城南鉴湖大厦 7 楼
9		富阳国通保险代理有限公司诸暨营业部	2010 年 05 月	诸暨市艮塔东路 7 号浣江商务楼
10		绍兴澳美贸易有限公司	2010 年 07 月	绍兴市会稽路越秀花园
11		浙江佰度物流有限公司	2010 年 10 月	绍兴市劳动路 288 号中兴公寓 B－18C
12		绍兴县双诚进出口有限公司	2010 年 08 月	绍兴金柯桥大道 1358 号国贸大厦 409

第二节　综合职业能力视野下的高职会计专业专业核心课程课程标准以《基础会计》课程标准为例

一、课程基本概况

1. 课程代码：
2. 课程类别：专业课
3. 总学时数：96（其中理论环节学时数：66 实践环节学时数：30）
4. 适用对象：财务会计系会计专业
5. 先修课程：无
6. 开课单位：财务会计系

二、课程性质与任务

《基础会计》是高职会计专业必修的专业课。

会计学是经济管理体系中属于微观经济管理方面的重要学科。《基础会计》则是会计学各分支的基础，是会计学的入门课程，它阐明会计学的基本理论、基本方法和基本操作技能。通过教学实践，要求学生理解会计学基本原理、基本方法，并掌握复式记账、账户的设置和使用、会计科目、填制凭证、登记账簿、财产清查、编制会计报表等基本技能和方法，并了解会计工作的组织，以及我国的会计法规体系，通过本课程的学习，使同学们意识到会计是随着社会生产发展和经济管理的需要而产生并发展的，从理论、方法和技能上为学习专业会计课程和有关管理课程专业课程打下坚实的基础。

三、教学目标与基本要求

通过本课程的教学，需要学生了解会计学的基本理论、基本方法、会计工作的组织,以及我国的会计法规体系;明确会计的基本职能、对象和任务;认识做好会计工作对于加强企业经济管理、提高经济效益的重要意义;理解会计要素、会计科目、账户和记账方法的相关理论及其具体应用;掌握会计凭证、账簿的基本内容和实务操作中的要求,能够阅读和编制基本会计报表。

《基础会计》是一门实用性很强的课程,有一套完整的业务技术方法。学习时,要在基本理论指导下,理解和掌握这套方法原理及其应用,即不仅要弄懂各种方法的基本原理,还要运用各种方法的基本原理去处理实际业务,并独立地进行操作演算。

四、课时分配安排表

序号	主要内容	讲课	实训	合计
1	第一章 总论	6	0	6
2	第二章 会计要素及会计平衡公式	8		8
3	第三章 账户与复式记账	5	3	8
4	第四章 借贷记账法具体运用	16	14	30
5	第五章 会计凭证	6	4	10
6	第六章 会计账簿	8	2	10
7	第七章 财产清查	4	2	6
8	第八章 会计核算程序	6	4	10
10	第九章 财务会计报告	5	1	6
11	第十章 会计工作组织与管理	2	0	2
合　计		66	30	96

备注:实际教学时间与培养方案有冲突,课时可适当调整,按实际教学时间进行安排。

五、考核要求

成绩组成:本课程的成绩由两部分组成:平时60%,期末40%。(平时成绩又包括:作业、期中、课堂实训三部分)

考核内容:会计的基本理论,会计核算的基本原则及方法,会计核算程序,会计工作组织等。

考核方法:期末采用笔试的方式;作业按照上交及时与否、完整与否给分;课堂实训按照实训成绩换算给分。

实训考核标准:实训成绩分优秀、良好、中等、及格、不及格五个等级。

1. 优秀:能熟练掌握本大纲规定的基本技能,认真参加每次实训,按时独立完成,上缴实训结果正确,经考核综合得分在90分以上。

2. 良好:能掌握本大纲规定的基本技能,认真参加每次实训,按时独立完成,上缴实训结果除少数差错外基本正确,经考核综合得分在80~90分。

3. 中等:能基本掌握本大纲规定的基本技能,参加每次实训,按时独立完成,上缴实训结果有部分差错,经考核综合得分在70~79分。

4. 及格:能基本掌握本大纲规定的基本技能,参加每次实训,在教师指导下完成,上缴实训结果有差错,但基本思路正确,经考核综合得分在60~69分。

5. 不及格:不能掌握本大纲规定的基本技能,没有按时参加实训,或实训结果非自己完成,或上缴实训结果基本思路错误,综合得分在60分以下。

六、可选用教材、主要教学参考书

1. 可选用教材

[1] 吴海良,张素云. 基础会计. 北京:立信会计出版社,2007 年

2. 主要教学参考书

[1] 阎达五. 会计学. 北京:中国人民大学出版社,2003 年

[2] 葛家澍,于绪缨. 会计学. 北京:高等教育出版社,2000 年

[3] 李桂媛. 基础会计. 大连:东北财经大学出版社,2001 年

[4] 中华人民共和国财政部. 企业会计制度. 北京:经济科学出版社,2001 年

[5] 财政部会计司.《企业会计制度讲解》.北京:中国财政经济出版社,2001 年

七、职业能力训练项目

《基础会计》是一门实用性很强的课程,有一套完整的业务技术方法。学习时,要在基本理论指导下,理解和掌握这套方法原理及其应用,即不仅要懂各种方法的基本原理,还要运用各种方法的基本原理去处理实际业务,并独立地进行操作。

我们重新审视了课程基本技能要求,以工作过程的系统化理论,完善和规范课程的教学文件,将技能细化到项目实训中,原始凭证的填制与审核、各种记账凭证的填制与审核、各种的账簿登记及操作规范、会计报表的编制,点钞、珠算等技能。

将课程内容设计与合作单位的经济业务结合,分析校企合作单位共性经济业务,形成《基础会计》技能内容和培养标准,锻炼学生岗位适应能力。

将会计核算的内容及账务处理流程针对具体企业应用,设计成实训项目,并与会计基础技能内容标准与评价标准有机结合,实训与理论教学既保持同步,又具有相对独立性,形成教、学、做一体的教学组织形式,进行平时训练,同时用比赛形式予以展示。凭证、账簿实训项目,运用角色扮演,虚拟企业内部会计工作流程,将会计核算能力与内部控制管理要求结合起来,将职务轮换与岗位的角色扮演相结合。

技能教学分为单项能力训练、综合能力训练、竞赛强化、考证指导等四个板块。

1. 单项能力训练项目

单项能力是会计技能的最基本能力,是学生具有综合能力的前提条件,此阶段会计业务较为简单,便于分析处理。所以,单项能力训练与基本理论契合密切,是理实一体的根本体现。在此部分训练里,学生应独立完成,建议不分组。如果为了管理方便,可以分组,但和综合能力训练期间的

分组是完全不同的概念。

单项能力训练项目分解图

项目名称	职业能力目标	相关支撑知识	成果展示
项目一：原始凭证识别与审核	1.1 能识别原始凭证的种类 1.2 能识别原始凭证的经济能容 1.3 能审核原始凭证的正误	1.1 原始凭证的含义、种类及格式 1.2 原始凭证的基本要素 1.3 原始凭证的审核要求（客观性、合法性、正确性、完整性）	1.1 正确原始凭证的装订册 1.2 错误原始凭证的装订册
项目二 原始凭证填制	2.1 能规范书写原始凭证数字及文字 2.1 能准确规范地填制各种典型的原始凭证及加盖有关印鉴	2.1 数码字书写的规范要求 2.2 印鉴使用的规范要求	2.1 填制好的支票、汇票等经典原始凭证装订册 2.2 填制好的其他原始凭证装订册
项目三 复式记账	3.1 能对各项经济业务按六个会计要素进行分类、判断 3.2 能运用借贷记账法的基本原理编制会计分录	3.1 会计要素的概念、特点及分类 3.2 会计科目和账户的内涵、借贷记账法的含义及原理、会计分录的编制要求	3.1 不涉及货币资金的会计分录 3.2 涉及货币资金的会计分录
项目四 记账凭证填制（1）——筹资业务	4.1 能根据原始凭证准确判断几种简单的筹资业务类型 4.2 能根据原始凭证正确填制筹资业务的记账凭证	4.1 资金筹集的含义、几种常见的资金筹集渠道 4.2 现金、银行存款、实收资本、短期借款等有关科目的名称、使用方法。	4.1 现金收付款凭证 4.2 银行收付款凭证
项目五 记账凭证填制（2）——采购业务	5.1 能根据原始凭证准确判断几种常见的采购业务 5.2 能根据原始凭证正确填制采购业务的记账凭证	5.1 采购业务的含义、存货成本的计算 5.2 材料采购、材料成本差异、原材料、应付账款、预付账款、应交税费——增值税（进项税）等科目的名称、使用方法。	5.1 直接支付货款的采购活动记账凭证 5.2 未支付货款的记账凭证 5.3 预付货款的记账凭证 5.4 材料入库的记账凭证

续表

项目名称	职业能力目标	相关支撑知识	成果展示
项目六 记账凭证填制(3)——生产加工业务	6.1 能根据材料消耗业务的原始凭证正确编制记账凭证 6.2 能根据折旧费用分配表等原始凭证,填制折旧费用分配的记账凭证及其他类似费用的分配凭证 6.3 能根据制造费用分配表填制制造费用分配的记账凭证 6.4 能根据工资分配表等原始凭证正确填制工资分配等记账凭证 能根据产品入库原始凭证编制记账凭证	6.1 生产加工业务的含义、费用的分类 6.2 领料、折旧费用分配计算、工资费用分配、间接费用归集分配、产品入库等业务的处理方法 6.3 累计折旧、应付职工薪酬、生产成本、制造费用、库存商品、材料成本差异等科目的名称、用法。	6.1 领料记账凭证 6.2 累计折旧分配的记账凭证 6.3 工资分配的记账凭证 6.4 制造费用分配的记账凭证 6.5 产品入库的记账凭证
项目七 记账凭证填制(4)—销售业务	7.1 根据产品销售发票等有关原始凭证编制产品销售业务的记账凭证 7.2 根据银行收款通知编制收款凭证	7.1 销售业务的概念、收入确认的标准 7.2 主营业务收入、应收账款、预收账款、应交税费——增值税(销项税)、主营业务成本等科目的名称、使用方法	7.1 现金交易的销售记账凭证 7.2 赊销交易的销售记账凭证 7.3 预收货款的记账凭证 7.4 结转已售商品成本的记账凭证
项目八 记账凭证填制(5)——财务财务成果及分配	8.1 能编制结转各个损益性账户的记账凭证(各个损益类账户暂时通过T字账进行汇总) 8.2 财务成果分配的记账凭证	8.1 财务成果的概念、计算方法、分配顺序与分配比例 8.2 所得税、利润分配、应付利润、应付股利等科目的名称和使用方法。	8.1 结转各项损益里账户的记账凭证、所得税计算的记账凭证、结转所得税的记账凭证 8.2 利润分配的记账凭证 8.3 记账凭证编制环节的实训报告
项目九 账簿开设及期初余额登记	9.1 能开设总账、现金日记账、银行存款日记账、明细分类账、备查簿等 9.2 能登记各有关账户的期初余额	9.1 账簿的概念、分类方法及分类、各种账户的格式及使用方法 9.2 期初余额的登记	9.1 开设好并登记期初余额的总账账簿 9.2 开设好并登记期初余额的明细账簿 9.3 开设好并登记期初余额的现金日记账、银行存款日记账账簿 9.4 必要的备查簿

项目名称	职业能力目标	相关支撑知识	成果展示
项目十 账簿登记及错账更正	10.1 能根据收款凭证和付款凭证序时登记现金日记账 10.2 能根据收款凭证和付款凭证序时登记银行存款日记账 10.3 能根据收款、付款和转账凭证逐笔登记总账 10.4 能根据原始凭证和收、付、转凭证逐笔登记各种明细账 能根据各种记账凭证编制科目汇总表并据以登记总账 10.5 能对已登记的各种账簿进行对账和结账 10.6 能查错账(账账核对、账证核对、账实核对) 10.7 能用划线更正法、补充登记法、红字更正法等方法改错张	10.1 现金日记账的含义、格式及具体登记要求 10.2 银行存款日记账的含义、格式及具体登记要求 10.3 总账的含义、格式及具体登记要求 10.4 各种明细账的格式及具体登记要求 10.5 对账的内容和结账的要求 10.6 错账更正具体方法和操作规则	10.1 业务登记完整、并改正错误的各种账簿 10.2 改错账的有关记账凭证 10.3 账簿实训环节的实训报告
项目十一 报表编制(1)—资产负债表	11.1 能理解资产负债表的格式、平衡原理、各个项目数字金额的来源 11.2 能正确编制资产负债表	资产负债表的含义、编制原理及编制方法	编制好的资产负债表
项目十二 报表编制(2)—利润表	12.1 能理解利润表的格式结构、平衡原理、各个项目数字金额的来源 12.2 能正确编制利润表	利润表的含义、编制原理及编制方法	12.1 编制好的利润表 12.2 报表实训环节的实训报告
备注	记账凭证核算组织程序是最基本的会计核算组织程序,此外,单项技能训练时并没有分岗位进行,所以在单项技能训练中,采用记账凭证核算组织程序。在综合技能训练中,增加了岗位体验,将设立总账会计岗位,所以将采用科目汇总表核算组织程序。		

2. 综合能力训练项目

综合能力训练,是在完成单项能力训练基础上完成的能力训练,此阶段会计业务具有较高的综合性、复杂性。经过综合能力训练后,学生应该具有一定的职业判断力,以及会计岗位的初步体验。

实训组织采用分组实训方式,可四人一组或三人一组。若剩余人数不够组成一组时,可视具体情况具体处理。如果只有三套经济业务资料,则总账与财务主管岗位可进行合并。根据准备的经济业务资料数量(套),教师可以把实训时间分为若干阶段,每阶段完成一套业务,学生在其中从事一个岗位的工作。待几套业务全部完成后,学生即可将所有岗位全部体验。每个学生每个阶段的岗位表现质量,加上最后的个人实训报告,形成考核的依据。

综合能力训练分解图

岗位名称 (能力项目)	能力目标	支撑知识	成果展示
出纳岗位	1.1 能正确填制银行结算所需要的原始凭证 1.2 能准确判断记账凭证正误 1.3 能正确登记现金日记账和银行存款日记账 1.4 能快速点钞并准确识别伪钞	1.1 会计职业道德 1.2 原始凭证填制规范 1.3 记账凭证编制规范 1.4 点钞技能及伪钞识别技能	1.1 所填制的经典结算原始凭证 1.2 登记的现金日记账和银行存款日记账 1.3 捆扎好的练功纸
普通会计员岗位 (管理明细账)	2.1 能根据业务内容正确编制记账凭证 2.2 能根据记账凭证登记各个明细账 2.3 能编制科目汇总表 2.4 能装订记账凭证	2.1 会计职业道德 2.2 原始凭证填制规范 2.3 记账凭证填制规范 2.4 账簿登记知识与查错账知识 2.5 科目试算平衡知识 2.6 凭证装订知识	2.1 装订好的记账凭证(内附科目汇总表) 2.2 登记好的明细账簿
总账会计岗位 (管理总账)	3.1 能根据科目汇总表登记总账 3.2 能根据总账结合有关明细账编制报表	3.1 会计职业道德 3.2 账簿登记知识 3.3 会计核算组织程序——科目汇总表组织程序 3.4 报表编制知识	3.1 登记好的总账 3.2 编制好的资产负债表、利润表

岗位名称 （能力项目）	能力目标	支撑知识	成果展示
稽核与会计主管岗位	4.1 熟悉会计循环的各个环节 4.2 能良好地与组内人员沟通 4.3 有极强的责任心	4.1 会计职业道德 4.2 会计循环的所有知识点	4.1 经过本岗位签字的记账凭证 4.2 经过本岗位签字的报表 4.3 其他资料
备 注	因为这些岗位是轮换的，每个学生都能经过上述岗位的操作和体验，所以，在实训结束后，每人交1份完整的实训报告。		

3. 技能比赛设计

技能比赛是单项能力训练和综合能力训练的延伸和补充。这部分训练根据学生个人意愿自由参与，不占教学时间。成绩也不纳入本门课程考核范围，但可以纳入学生综合考评。

技能比赛设计

竞赛名称	内容设计	组织及实施过程
制单比赛	填制通用记账凭证 填制专用记账凭证	学生组织 教师指导
点钞比赛	点钞速度 假钞甄别	学生组织 教师指导
珠算比赛	速度与正确性（目的是能力实训时使用）	学生组织 教师指导

4. 考证指导设计

与这门课程有关的国家证书，主要是会计从业资格证。鼓励学生尽早取得会计从业资格，以此提高学生的学习积极性和未来的就业竞争力。

在教学中将基础会计中属于会计从业资格证考核范畴的知识点适当进行强化。

考证活动设计

目标证书名称	教学内容设计	组织及实施过程
会计从业资格证	1. 最新会计从业资格证考试大纲中《会计实务》相关内容	学生社团组织　教师指导
	2. 从业资格证模拟考试	学生社团组织　教师指导

八、理论教学内容

第一章　总论

教学目的和要求：通过本章的学习，要求学生能够掌握会计学的一些基本概念、基本理论、基本方法，为学习以后各章及会计其他专业课程打下良好基础。

教学重点和难点：会计的概念、会计职能、会计对象、会计核算的基本前提和一般原则。

教学内容：

第一节　会计的基本概念

一、会计的产生和发展

二、会计的职能

三、会计的特点

四、会计的定义

第二节　会计的对象和任务

一、会计的对象

二、会计的任务

第三节　会计的基本前提和一般原则

一、会计核算的基本前提

二、会计核算的一般原则

第四节　会计的方法

一、设置账户

二、复式记账

三、填制和审核会计凭证

四、登记账簿

五、成本计算

六、财产清查

七、编制会计报告

第五节　会计人员的专业技能

第二章　会计要素及会计平衡公式

教学目的和要求:通过本章的学习,要求学生能够掌握会计要素、会计恒等式、经济业务发生变化的类型及对会计等式的影响。

教学重点和难点:会计恒等式、经济业务发生变化的类型及对会计等式的影响。

教学内容:

第一节　会计要素

一、资产、负债、所有者权益

二、收入、费用、利润

第二节　会计平衡公式

一、静态平衡公式

二、动态平衡公式

第三章　账户与复式记账

教学目的和要求:会计科目、账户的结构、复式记账原理以及总分类账户与明细分类账户的关系。

教学重点和难点：会计科目、账户的结构、复式记账原理以及总分类账户与明细分类账户的关系。

教学内容：

第一节　会计科目

一、设置会计科目的原则

二、会计科目的内容和层次

第三节　账户

一、账户的基本结构

二、账户与会计科目的关系

第四节　复式记账

一、复式记账原理

二、借贷记账法

三、借贷记账法的记账原则

四、会计分录

五、借贷记账法的试算平衡

第四章　借贷记账法的具体应用

教学目的和要求：通过本章的学习，要求学生了解工业企业的主要经济业务流程以及工业企业关于自己筹集过程、供应过程、生产过程、销售过程、财务成果形成过程等业务类型的会计核算。

教学重点和难点：主要经济业务流程、资金筹集过程的核算、供应过程的核算、生产过程的核算、销售过程的核算、财务成果的核算。

教学内容：

第一节　工业企业经营过程核算的主要内容

第二节　资金筹集过程的核算

一、投入资本的核算